Bruno Paz

As Novas Leis de Poder
Estratégias Contemporâneas para o Sucesso

Direitos Autorais
Título Original: Poder Estratégico
Copyright © 2024, publicado por Luiz Antonio dos Santos

Este livro é uma obra que explora estratégias modernas e fundamentos psicológicos aplicados ao desenvolvimento pessoal e profissional, abordando aspectos de autoconhecimento, inteligência emocional e tomada de decisões. Destina-se à reflexão e estudo, não substituindo orientações médicas, psicológicas ou financeiras profissionais.

Equipe de Produção da Primeira Edição
Autor: Bruno Paz
Editor: Luiz Antonio dos Santos
Projeto Gráfico e Diagramação: Studios Booklas
Revisão e Preparação de Texto: Valéria Ramos

Publicação e Identificação
Poder Estratégico / Por Bruno Paz
Booklas, 2024
Categorias: Administração / Psicologia Aplicada
DDC: 658.4 - CDU: 159.9

Aviso de Direitos Autorais
Todos os Direitos Reservados a:
Editora Booklas / Luiz Antonio dos Santos

Este livro não pode ser reproduzido, distribuído ou transmitido, no todo ou em parte, por qualquer meio, eletrônico ou impresso, sem a permissão expressa do titular dos direitos autorais.

Rua José Delalíbera, 962
86.183-550 – Cambé – PR
E-mail: suporte@booklas.com
Website: www.booklas.com

Sumário

Prólogo 5
Lei 1 Domine Emoções 8
Lei 2 Cultive Intuição 13
Lei 3 Mascare Intenções 17
Lei 4 Fale Menos 22
Lei 5 Construa Reputação 26
Lei 6 Chame Atenção 30
Lei 7 Inspire Confiança 34
Lei 8 Domine Narrativas 38
Lei 9 Planeje Vitórias 42
Lei 10 Evite Conflitos 46
Lei 11 Gerencie Dependência 50
Lei 12 Ofereça Generosidade 54
Lei 13 Desarme Oposição 59
Lei 14 Construa Redes 63
Lei 15 Domine Informação 67
Leu 16 Crie Urgência 71
Lei 17 Negocie Maestria 75
Lei 18 Lidere Mudanças 80
Lei 19 Construa Alianças 85
Lei 20 Gerencie Tempo 90
Lei 21 Delegue Tarefas 95
Lei 22 Cultive Criatividade 100
Capítulo 23 Domine Tecnologia 105

Lei 24 Invista em Aprendizado 110
Lei 25 Promova Diversidade 115
Lei 26 Pratique Resiliência 120
Lei 27 Comunique-se Eficazmente 125
Lei 28 Utilize Linguagem 130
Lei 29 Cative Audiências 135
Lei 30 Apresente Ideias 140
Lei 31 Gerencie Expectativas 145
Lei 32 Construa Consenso 150
Lei 33 Lidere Equipes 155
Lei 34 Gerencie Conflitos 160
Lei 35 Promova Colaboração 165
Lei 36 Celebre Conquistas 170
Lei 37 Ofereça Feedback 175
Lei 38 Inspire Ação 180
Lei 39 Construa Legado 185
Lei 40 Assuma Riscos 190
Lei 41 Abrace a Incerteza 195
Lei 42 Cultive Autoconhecimento 200
Lei 43 Defina Propósito 205
Lei 44 Busque Mentoria 210
Lei 45 Compartilhe Conhecimento 215
Lei 46 Pratique Gratidão 220
Lei 47 Promova Bem-Estar 225
Lei 48 Construa Equilíbrio 230
Lei 49 Cause Impacto 235
Lei 50 Reinvente-se 239

Lei 51 Viva com Propósito 243
Lei 52 Transcenda Limites... 247
Epílogo 251

Prólogo

Cada linha à frente foi escrita com um propósito preciso: transformar o que você acredita saber sobre sucesso e estratégias. O texto que você segura nas mãos não é apenas mais um conjunto de ideias, mas uma ferramenta cuidadosamente construída para alterar sua perspectiva sobre controle, influência e autodomínio. Aqui, ciência e prática convergem para proporcionar uma visão inédita sobre como navegar pelos desafios do mundo moderno.

7Você está prestes a entrar em um universo onde a inteligência emocional é tão poderosa quanto a lógica, e onde dominar as emoções e mascarar intenções pode decidir o desfecho de qualquer situação. Este livro destila princípios fundamentados em dados e evidências, refinados por insights psicológicos e comportamentais, para criar uma narrativa que vai além de teorias abstratas. Cada conceito apresentado foi pensado para ser aplicável, tangível e transformador.

Considere por um momento a magnitude das escolhas que você faz diariamente – decisões que afetam sua carreira, seus relacionamentos e até mesmo sua saúde mental. E agora pergunte-se: você está no controle dessas decisões ou é conduzido por impulsos e circunstâncias externas? O que você encontrará aqui é uma cartografia do poder estratégico, um roteiro que destrincha como líderes, inovadores e visionários moldam suas realidades.

Este não é um manual para quem busca atalhos fáceis. Pelo contrário, ele exige que você encare verdades desconfortáveis sobre o que significa realmente dominar suas emoções, cultivar intuição e gerenciar dependências. O resultado, no entanto, é a liberdade – a habilidade de navegar pelo caos com clareza, propósito e precisão.

Ao longo das páginas, você descobrirá o impacto das narrativas na mente humana, a força silenciosa da generosidade estratégica e o poder da comunicação calculada. Cada capítulo funciona como uma peça de um quebra-cabeça maior, onde o todo revela um potencial que talvez você nem soubesse que possuía. A ciência está ao seu lado – desde estudos sobre resiliência emocional até análises sobre a importância de relações interpessoais na formação de redes de apoio robustas.

Este livro é mais do que um convite; é um desafio. Ele confronta você a reavaliar não apenas suas estratégias, mas suas crenças sobre o que significa viver estrategicamente. E, enquanto percorre suas ideias, talvez você perceba que o verdadeiro poder não está apenas em alcançar metas, mas em entender o sistema por trás de cada conquista e derrota.

Se você chegou até aqui, não é por acaso. Este livro foi feito para quem busca mais, para quem se recusa a ser uma vítima do acaso e deseja tomar as rédeas de sua jornada. Agora, tudo que você precisa é virar a página.

Lei 1
Domine Emoções

Dominar suas emoções é o alicerce para uma vida de controle, clareza e realização. Quando você assume o comando do que sente, transcende as limitações impostas por reações impulsivas e alcança um estado de equilíbrio que transforma desafios em oportunidades.

O autocontrole não é uma habilidade reservada a poucos; é uma capacidade acessível que eleva sua resiliência, afia sua mente e fortalece seus relacionamentos. Cada emoção, seja positiva ou negativa, pode ser canalizada como uma ferramenta poderosa para seu crescimento. Você não é refém do medo, da raiva ou da ansiedade – é o mestre de sua própria narrativa emocional.

Ao compreender os gatilhos que ativam suas emoções e desenvolver métodos para gerenciá-las, você elimina o caos interno e cria espaço para decisões racionais e estratégias eficazes. Essa maestria vai além de sua vida pessoal; ela expande sua empatia e aumenta sua influência, permitindo que você se conecte e inspire os outros de forma profunda e significativa.

Este é o passo inicial em uma jornada que transforma não apenas como você vive, mas quem você se torna. Dominar suas emoções é o ponto de partida para uma existência onde o equilíbrio e a realização se tornam mais do que aspirações – eles se tornam sua realidade.

Vantagens Pessoais:

Autocontrole: Aprender a controlar suas emoções permite que você reaja de forma calma e ponderada em situações desafiadoras, evitando explosões emocionais que podem prejudicar seus relacionamentos e sua reputação.

Resiliência: Desenvolver a resiliência emocional permite que você se recupere de contratempos e adversidades com mais facilidade, transformando desafios em oportunidades de crescimento.

Clareza mental: Ao controlar suas emoções, você libera espaço mental para pensar de forma mais clara e tomar decisões mais racionais, baseadas em lógica e não em impulsos.

Empatia: Compreender as emoções dos outros permite que você se conecte com eles em um nível mais profundo, construindo confiança e fortalecendo seus relacionamentos.

Influência: A capacidade de ler e responder às emoções dos outros aumenta sua influência e persuasão, permitindo que você se comunique de forma mais eficaz e inspire confiança.

Bem-estar: Dominar suas emoções contribui para o seu bem-estar mental e emocional, reduzindo o estresse, a ansiedade e promovendo a paz interior.

Métodos de Aplicação:

1. Autoconhecimento:

Identifique seus gatilhos emocionais: Preste atenção aos eventos, pessoas ou situações que desencadeiam reações emocionais fortes em você. Mantenha um diário para registrar esses gatilhos e suas reações.

Reconheça seus padrões emocionais: Observe como você normalmente reage em diferentes situações. Você tende a se irritar facilmente? Ou a se retrair quando se sente pressionado? Identificar seus padrões emocionais é o primeiro passo para modificá-los.

Pratique o automonitoramento: Preste atenção aos seus pensamentos, sentimentos e sensações físicas no momento presente. Isso aumenta sua consciência de suas emoções e permite que você as controle antes que elas controlem você.

2. Gerenciamento Emocional:

Respire fundo: Quando sentir que suas emoções estão à flor da pele, respire fundo algumas vezes. A respiração profunda acalma o sistema nervoso e ajuda a diminuir a intensidade das emoções.

Reenquadre seus pensamentos: Desafie seus pensamentos negativos e substitua-os por pensamentos mais positivos e realistas. Por exemplo, em vez de pensar "Eu sou um fracasso", pense "Eu cometi um erro, mas posso aprender com ele".

Afaste-se da situação: Se você se sentir sobrecarregado por suas emoções, afaste-se da situação por alguns minutos. Dê um passeio, ouça música relaxante ou faça algo que você goste para se acalmar.

Expresse suas emoções de forma saudável: Encontre maneiras saudáveis de expressar suas emoções, como conversar com um amigo, escrever em um diário, praticar exercícios físicos ou se envolver em atividades criativas.

3. Leitura Emocional:

Observe a linguagem corporal: Preste atenção aos sinais não verbais, como expressões faciais, postura, gestos e tom de voz. Esses sinais podem revelar muito sobre as emoções de uma pessoa.

Ouça com atenção: Ouça ativamente o que os outros estão dizendo, prestando atenção não apenas às palavras, mas também ao tom de voz e às emoções por trás das palavras.

Faça perguntas: Faça perguntas abertas para entender melhor as perspectivas e os sentimentos dos outros.

Demonstre empatia: Mostre que você se importa com os sentimentos dos outros e que você os compreende.

4. Influência e Persuasão:

Construa rapport: Crie uma conexão genuína com os outros, mostrando interesse em suas vidas e demonstrando empatia.

Comunique-se com clareza: Expresse suas ideias e emoções de forma clara e concisa, usando uma linguagem que seja fácil de entender.

Use a linguagem corporal a seu favor: Mantenha uma postura aberta e receptiva, faça contato visual e use gestos que expressem confiança e positividade.

Adapte sua comunicação: Ajuste sua comunicação ao estilo e às preferências da pessoa com quem você está interagindo.

Guia Passo a Passo para Aplicar a Lei "Domine Emoções":

1 - Comece com o autoconhecimento: Reserve um tempo para refletir sobre suas próprias emoções, gatilhos e padrões.

2 - Pratique o automonitoramento: Preste atenção aos seus pensamentos, sentimentos e sensações físicas ao longo do dia.

3 - Desenvolva habilidades de gerenciamento emocional: Experimente diferentes técnicas, como respiração profunda, reenquadramento de pensamentos e expressão saudável de emoções.

4 - Aprimore suas habilidades de leitura emocional: Observe a linguagem corporal, ouça ativamente e demonstre empatia.

5 - Aplique seus conhecimentos em suas interações: Use sua inteligência emocional para construir relacionamentos mais fortes, comunicar-se de forma mais eficaz e influenciar os outros de forma positiva.

Ajustes caso o Resultado Esperado não Ocorra:

Se você ainda estiver lutando para controlar suas emoções: Busque ajuda profissional de um terapeuta ou conselheiro.

Se você tiver dificuldade em ler as emoções dos outros: Pratique observando as pessoas em diferentes situações e tente interpretar seus sinais não verbais.

Se você não estiver obtendo os resultados desejados em suas interações: Reveja suas estratégias e experimente abordagens diferentes.

Exemplos:

Em uma situação de conflito: Em vez de reagir impulsivamente com raiva, respire fundo, afaste-se da situação por alguns minutos e, quando estiver mais calmo, tente resolver o conflito de forma construtiva.

Em uma negociação: Observe a linguagem corporal da outra pessoa para identificar seus pontos fracos e adaptar sua estratégia de negociação.

Ao liderar uma equipe: Demonstre empatia e compreensão para construir confiança e motivar seus colegas.

Dominar as emoções é uma jornada que exige prática e autoconhecimento. Ao desenvolver sua inteligência emocional, você estará melhor equipado para lidar com os desafios da vida, construir relacionamentos mais fortes e alcançar seus objetivos. Lembre-se, as emoções são uma parte natural da experiência humana, mas não precisam controlar você. Ao dominar suas emoções, você assume o controle de sua vida e abre caminho para o sucesso e a realização pessoal.

Lei 2
Cultive Intuição

Confiar em sua intuição é um passo decisivo para transformar como você toma decisões e se conecta com o mundo. Sua intuição é uma bússola interna que transcende a lógica imediata, guiando-o por caminhos muitas vezes invisíveis aos olhos racionais. Cultivar essa habilidade é abrir as portas para um entendimento mais profundo de si mesmo e dos outros, permitindo que você tome decisões rápidas, criativas e alinhadas aos seus valores mais genuínos.

A intuição é mais do que um instinto. É uma ferramenta poderosa que une suas experiências passadas e seu subconsciente em insights claros e eficazes. Ao aprimorar sua conexão com essa capacidade, você descobre respostas onde antes havia incerteza, encontra soluções inovadoras em desafios complexos e percebe nuances em situações que outros ignoram.

Essa habilidade não surge do acaso; ela cresce a partir de práticas específicas e conscientes. Silenciar o ruído mental, interpretar os sinais do seu corpo e confiar na sabedoria que surge no silêncio são os pilares que fortalecem sua intuição. Quando você aprende a ouvir essa voz interior, suas decisões não apenas se tornam mais rápidas, mas também mais assertivas e autênticas.

Cultivar sua intuição é assumir o controle sobre os momentos em que o raciocínio lógico falha ou o tempo é curto. É o caminho para um estado de clareza e confiança em si mesmo que transforma sua vida em todos os aspectos – desde as decisões mais corriqueiras até as escolhas mais impactantes. A intuição é a ponte que conecta você à sua essência, potencializando seu autoconhecimento, criatividade e bem-estar.

Vantagens Pessoais:

Tomada de decisão rápida e eficaz: A intuição permite que você tome decisões rápidas e eficientes em situações complexas, mesmo quando não há tempo ou informações suficientes para uma análise racional completa.

Criatividade e inovação: A intuição abre portas para novas ideias e soluções inovadoras, permitindo que você pense fora da caixa e encontre soluções originais para problemas desafiadores.

Autoconhecimento: Ao se conectar com sua intuição, você se torna mais consciente de seus valores, crenças e desejos mais profundos, o que contribui para o autoconhecimento e a autoconfiança.

Gerenciamento de riscos: A intuição pode alertá-lo sobre potenciais perigos e riscos, ajudando você a evitar armadilhas e tomar decisões mais seguras.

Conexão interpessoal: A intuição permite que você se conecte com os outros em um nível mais profundo, compreendendo suas emoções, motivações e intenções.

Bem-estar: Confiar em sua intuição aumenta a sensação de controle e confiança em si mesmo, reduzindo o estresse e promovendo o bem-estar mental e emocional.

Métodos de Aplicação:

1. Aquiete a mente:

Meditação: A prática regular da meditação acalma a mente, reduz o ruído mental e aumenta a receptividade aos insights intuitivos.

Mindfulness: Cultive a atenção plena no momento presente, observando seus pensamentos e sensações sem julgamento. Isso permite que você se conecte com sua intuição de forma mais profunda.

Silêncio: Reserve tempo para o silêncio e a solitude, desconectando-se das distrações do mundo exterior e permitindo que sua mente se acalme.

2. Conecte-se com seu corpo:

Preste atenção às sensações físicas: Seu corpo pode enviar sinais sutis sobre situações e pessoas. Aprenda a interpretar essas sensações, como um aperto no estômago ou uma sensação de leveza.

Intuição visceral: Confie em seus instintos e "sensações viscerais" sobre situações e pessoas. Essa forma de intuição é rápida e instintiva, baseada em experiências passadas e padrões subconscientes.

Linguagem corporal: Observe a linguagem corporal dos outros e a sua própria. Ela pode revelar informações importantes sobre as emoções e intenções das pessoas.

3. Estimule sua criatividade:

Brainstorming: Utilize técnicas de brainstorming para gerar novas ideias e soluções, permitindo que sua mente explore diferentes possibilidades sem restrições.

Pensamento visual: Utilize mapas mentais, diagramas e outras ferramentas visuais para estimular a criatividade e conectar ideias de forma intuitiva.

Sonhos: Preste atenção aos seus sonhos, pois eles podem conter mensagens e insights do seu subconsciente. Mantenha um diário de sonhos para registrar e analisar seus sonhos.

4. Confie em sua intuição:

Teste sua intuição: Comece confiando em sua intuição em pequenas decisões do dia a dia. Observe os resultados e ajuste suas ações conforme necessário.

Siga seus instintos: Quando tiver uma forte sensação sobre algo, não a ignore. Explore essa sensação e veja onde ela o leva.

Aceite a incerteza: Nem sempre sua intuição estará correta. Esteja aberto a aprender com seus erros e ajustar suas decisões conforme necessário.

Guia Passo a Passo para Aplicar a Lei "Cultive Intuição":

1 - Crie um ambiente propício à intuição: Reserve tempo para a quietude, a meditação e a conexão com seu corpo.

2 - Preste atenção aos sinais: Observe suas sensações físicas, seus sonhos e os sinais do ambiente ao seu redor.

3 - Estimule sua criatividade: Explore diferentes formas de pensar e gerar ideias, como brainstorming e pensamento visual.

4 - Confie em sua intuição: Comece com pequenas decisões e vá aumentando gradualmente a confiança em seus instintos.

5 - Reflita sobre suas experiências: Analise suas decisões e os resultados, aprendendo com seus acertos e erros.

Ajustes caso o Resultado Esperado não Ocorra:

Se você tiver dificuldade em aquietar sua mente: Experimente diferentes técnicas de meditação e relaxamento até encontrar uma que funcione para você.

Se você não conseguir se conectar com suas sensações físicas: Pratique exercícios de consciência corporal, como yoga ou tai chi chuan.

Se você se sentir inseguro em confiar em sua intuição: Comece com pequenas decisões e vá aumentando gradualmente a confiança em seus instintos.

Exemplos:

Em uma reunião de negócios: Preste atenção à linguagem corporal dos participantes para captar as nuances da comunicação e identificar as verdadeiras intenções por trás das palavras.

Ao escolher um novo emprego: Além de analisar os aspectos racionais, como salário e benefícios, confie em sua intuição para avaliar se a empresa e a cultura se encaixam com seus valores e objetivos.

Ao tomar uma decisão importante: Reserve um tempo para refletir em silêncio, conectar-se com sua intuição e ouvir sua voz interior.

Em um mundo cada vez mais complexo e incerto, a intuição é uma ferramenta poderosa para navegar pelas nuances da vida e tomar decisões mais eficazes. Cultivar a intuição exige prática e persistência, mas os benefícios são inúmeros. Ao confiar em sua intuição, você estará abrindo portas para novas possibilidades, criatividade e autoconhecimento. Lembre-se, a intuição é uma habilidade que pode ser desenvolvida e aprimorada ao longo do tempo. Invista em seu desenvolvimento intuitivo e colha os frutos de uma vida mais consciente, autêntica e plena.

Lei 3
Mascare Intenções

Manter suas intenções ocultas é mais do que uma escolha estratégica – é um trunfo essencial para aqueles que desejam operar com eficácia em cenários competitivos e imprevisíveis. Quando você oculta seus objetivos, cria um véu de mistério que desarma adversários, protege seus planos de interferências externas e amplia sua capacidade de ação.

O domínio dessa habilidade concede uma liberdade inestimável: a de agir sem ser percebido e mudar de rumo sem atrair atenção. Enquanto os outros se ocupam tentando decifrar suas intenções, você avança silenciosamente, transformando a discrição em poder. Cada movimento discreto, cada pista falsa, aumenta sua capacidade de influenciar e negociar com precisão cirúrgica.

Mascarar intenções é uma prática que exige autocontrole, discernimento e um profundo entendimento do comportamento humano. Saber quando falar, o que omitir e como desviar olhares exige mais do que táticas – exige inteligência emocional. Aqueles que dominam essa arte são capazes de navegar por situações complexas com a habilidade de um estrategista, mantendo uma postura confiante enquanto realizam ações que poucos percebem até que seja tarde demais.

No mundo dinâmico das relações humanas e profissionais, ser transparente é uma virtude apenas quando estrategicamente apropriado. Saber o que revelar e o que esconder não é uma questão de manipulação, mas de proteção e estratégia. Essa habilidade não apenas amplifica suas chances de sucesso, mas também constrói um senso de autoridade e respeito entre aqueles ao seu redor.

A verdadeira força de mascarar intenções reside na liberdade que ela proporciona. É uma ferramenta que, usada com sabedoria, permite a execução de grandes feitos sem alarde, preservando sua energia e foco para o que realmente importa. Ao dominar essa arte, você não apenas controla o desenrolar das situações ao seu redor, mas se torna o autor das próprias circunstâncias que definem sua vida.

Vantagens Pessoais:

Elemento surpresa: Manter seus planos em segredo permite que você surpreenda seus oponentes, desarmando-os e criando uma vantagem estratégica.

Proteção contra sabotagem: Ao ocultar suas intenções, você impede que seus adversários interferem em seus planos ou criem obstáculos para impedi-lo de alcançar seus objetivos.

Liberdade de ação: Mascarar suas intenções lhe dá mais liberdade para manobrar e mudar de estratégia sem levantar suspeitas.

Aumento da influência: A imprevisibilidade aumenta seu poder e influência, pois as pessoas terão mais dificuldade em prever seus movimentos e se defender de suas ações.

Negociação estratégica: Ocultar suas verdadeiras intenções em uma negociação permite que você obtenha concessões e vantagens que não seriam possíveis se seus objetivos fossem conhecidos.

Construção de confiança: A discrição e o sigilo inspiram confiança, pois as pessoas se sentem mais seguras ao lidar com alguém que não revela seus planos a qualquer um.

Métodos de Aplicação:

1. Cultive a discrição:

Seja seletivo com suas confidências: Compartilhe seus planos apenas com pessoas de extrema confiança que tenham interesse em seu sucesso.

Evite fofocas e especulações: Não se envolva em conversas sobre os planos de outras pessoas e não alimente fofocas sobre seus próprios planos.

Mantenha um perfil discreto: Evite chamar atenção desnecessária para si mesmo e mantenha suas ações e intenções sob controle.

2. Use a distração:

Crie cortinas de fumaça: Lance pistas falsas e distraia a atenção de seus verdadeiros objetivos criando distrações.

Concentre-se em objetivos secundários: Promova objetivos secundários para desviar a atenção de seus planos principais.

Utilize a desinformação: Espalhe informações falsas ou enganosas para confundir seus oponentes e mascarar suas verdadeiras intenções.

3. Domine a arte do engano:

Adote uma persona: Crie uma persona pública que mascare suas verdadeiras intenções e motivações.

Controle suas emoções: Mantenha uma expressão neutra e controle suas emoções para não revelar suas verdadeiras intenções.

Utilize a linguagem corporal a seu favor: Mantenha uma postura relaxada e confiante, evitando gestos ou expressões que possam trair seus planos.

4. Seja estratégico:

Planeje seus movimentos com cuidado: Pense em todos os ângulos e antecipe as possíveis reações de seus oponentes.

Adapte sua estratégia: Esteja preparado para mudar seus planos conforme necessário, mantendo sempre seus objetivos em mente.

Aproveite as oportunidades: Esteja atento às oportunidades que surgem e saiba como usá-las a seu favor, mesmo que isso signifique desviar-se de seus planos originais.

Guia Passo a Passo para Aplicar a Lei "Mascare Intenções":

1 - Defina seus objetivos: Tenha clareza sobre seus objetivos e o que você deseja alcançar.

2 - Identifique seus oponentes: Identifique as pessoas que podem tentar impedi-lo de alcançar seus objetivos.

3 - Desenvolva uma estratégia: Crie um plano detalhado que inclua táticas para mascarar suas intenções e desviar a atenção de seus oponentes.

4 - Implemente sua estratégia: Execute seu plano com discrição e cuidado, adaptando-o conforme necessário.

5 - Monitore seus resultados: Avalie seus progressos e faça os ajustes necessários para garantir que você esteja no caminho certo.

Ajustes caso o Resultado Esperado não Ocorra:

Se seus planos forem descobertos: Adapte sua estratégia e crie novas distrações para confundir seus oponentes.

Se você encontrar resistência inesperada: Reveja seus planos e identifique novas formas de superar os obstáculos.

Se você não conseguir alcançar seus objetivos: Analise seus erros e aprenda com eles para melhorar suas estratégias no futuro.

Exemplos:

Em uma competição: Espalhe rumores sobre suas fraquezas para enganar seus oponentes e levá-los a subestimar suas habilidades.

Em uma negociação: Finja desinteresse em um determinado item para conseguir um preço melhor em outro item que lhe interessa mais.

Ao buscar uma promoção: Mantenha seus planos em segredo e continue trabalhando duro sem revelar suas ambições.

A habilidade de mascarar intenções é uma dança sutil entre a estratégia e a percepção. Aqueles que dominam essa arte compreendem que o silêncio, a discrição e a imprevisibilidade são armas tão poderosas quanto qualquer ação direta. Ao ocultar suas verdadeiras motivações, você não apenas protege seus planos, mas cria uma camada de complexidade que confunde adversários e amplia sua vantagem.

Mas essa prática exige equilíbrio. A máscara deve ser usada com sabedoria, nunca para enganar por completo, mas para proteger aquilo que é mais valioso: seus objetivos e sua liberdade de ação. Não se trata de manipular, mas de antecipar; não de esconder, mas de preparar o terreno para que suas ações floresçam no momento certo.

Lembre-se: a verdadeira maestria não está em enganar os outros, mas em compreender quando e como revelar sua verdade. Afinal, aqueles que sabem mascarar suas intenções controlam não apenas suas ações, mas também o impacto que deixam no mundo.

Lei 4
Fale Menos

O poder de suas palavras está diretamente relacionado à sua raridade e precisão. Falar menos não é apenas um exercício de contenção, mas uma arte estratégica que amplifica o impacto de cada ideia transmitida. Ao escolher suas palavras com cuidado, você não apenas evita equívocos, mas cria um espaço onde o silêncio se torna tão eloquente quanto a fala.

Aqueles que dominam a habilidade de falar menos se destacam em um mundo saturado de ruído. Sua mensagem, clara e objetiva, corta o excesso de informações e deixa uma impressão duradoura. As palavras, cuidadosamente ponderadas, tornam-se ferramentas de influência e persuasão, enquanto o silêncio estratégico projeta autoridade e mistério.

Mais do que uma habilidade de comunicação, falar menos é uma prática que transforma a maneira como você se conecta com os outros e com você mesmo. Ao ouvir mais, você amplia sua compreensão, fortalece seus relacionamentos e evita erros que podem comprometer sua credibilidade. Esse equilíbrio entre o que é dito e o que é mantido em reserva é o que separa os comunicadores eficazes daqueles que se perdem em discursos vazios.

Falar menos não significa omitir ou restringir sua voz, mas refinar sua expressão. Cada palavra conta, cada pausa reforça, e o impacto das suas mensagens se torna incontestável. Esse é o caminho de quem deseja comunicar não apenas ideias, mas força e propósito.

Vantagens Pessoais:

Aumento da credibilidade: Falar menos e com propósito transmite confiança e competência. As pessoas tendem a respeitar aqueles que pensam antes de falar e que não desperdiçam palavras.

Maior poder de persuasão: A concisão torna suas mensagens mais memoráveis e impactantes. Ao eliminar o excesso de informações, você permite que suas ideias se destaquem e sejam absorvidas com mais facilidade.

Melhora na comunicação: Ouvir mais do que fala permite que você compreenda melhor as perspectivas dos outros, evite mal-entendidos e construa relacionamentos mais fortes.

Redução de erros: Ao falar menos, você diminui as chances de dizer algo imprudente ou se contradizer, protegendo sua reputação e credibilidade.

Aumento do foco: A concisão promove a clareza mental e o foco, permitindo que você se concentre no essencial e evite distrações.

Projeção de poder: O silêncio estratégico pode ser uma ferramenta poderosa de influência. Ele cria uma aura de mistério e autoridade, fazendo com que as pessoas se esforcem mais para descobrir seus pensamentos e intenções.

Métodos de Aplicação:

1. Pratique a escuta ativa:

Preste atenção: Concentre-se no que a outra pessoa está dizendo, fazendo contato visual e evitando distrações.

Demonstre interesse: Faça perguntas, acene com a cabeça e use expressões faciais para mostrar que você está engajado na conversa.

Parafraseie: Repita o que a outra pessoa disse com suas próprias palavras para garantir que você compreendeu corretamente.

2. Seja conciso em sua comunicação:

Pense antes de falar: Organize seus pensamentos antes de abri a boca e escolha suas palavras com cuidado.

Vá direto ao ponto: Elimine informações irrelevantes e concentre-se na mensagem principal que você deseja transmitir.

Use frases curtas e claras: Evite frases longas e complexas que podem confundir seus ouvintes.

3. Utilize o silêncio estratégico:

Pausas: Faça pausas estratégicas durante suas falas para dar tempo para seus ouvintes absorverem a informação e para criar suspense.

Silêncio reflexivo: Após uma pergunta ou comentário, faça uma pausa antes de responder para demonstrar que você está pensando cuidadosamente na resposta.

Silêncio como resposta: Em algumas situações, o silêncio pode ser a resposta mais poderosa. Ele pode expressar desaprovação, desacordo ou simplesmente fazer com que a outra pessoa se sinta desconfortável e revele mais informações.

4. Domine a arte da brevidade:

E-mails: Escreva e-mails curtos e objetivos, indo direto ao ponto.

Reuniões: Prepare-se para as reuniões com antecedência e concentre-se em discutir os tópicos mais importantes.

Apresentações: Crie apresentações concisas e impactantes, usando recursos visuais para complementar suas falas.

Guia Passo a Passo para Aplicar a Lei "Fale Menos":

1 - Cultive a escuta ativa: Pratique a atenção plena, demonstre interesse e parafraseie o que os outros dizem.

2 - Seja conciso: Pense antes de falar, vá direto ao ponto e use frases curtas e claras.

3 - Utilize o silêncio estratégico: Faça pausas, demonstre reflexão e use o silêncio como resposta quando apropriado.

4 - Domine a brevidade: Escreva e-mails concisos, prepare-se para reuniões e crie apresentações impactantes.

Ajustes caso o Resultado Esperado não Ocorra:

Se você tiver dificuldade em se concentrar na escuta: Pratique exercícios de atenção plena e meditação para melhorar sua concentração.

Se você tender a falar demais: Grave suas conversas e analise seus padrões de fala para identificar áreas de melhoria.

Se você se sentir desconfortável com o silêncio: Pratique o silêncio em situações de baixo risco, como em meditação ou ao observar a natureza.

Exemplos:

Em uma negociação: Faça uma oferta e espere em silêncio pela resposta da outra parte. O silêncio pode pressioná-los a fazer concessões.

Em uma discussão: Em vez de interromper ou levantar a voz, ouça atentamente o que a outra pessoa tem a dizer e responda com calma e concisão.

Ao dar uma apresentação: Use imagens e gráficos impactantes para comunicar suas ideias de forma clara e concisa, evitando o excesso de texto.

A concisão é um reflexo da clareza. Ao falar menos, você aprende a ouvir mais, pensar melhor e agir com maior propósito. Essa prática não apenas transforma a maneira como você se comunica, mas também como você é percebido – como alguém que inspira respeito e confiança, alguém cujas palavras têm peso.

Lembre-se: no equilíbrio entre o som e o silêncio, reside o verdadeiro poder da comunicação. Falar menos não é falar pouco – é falar o necessário, com intenção e significado.

Lei 5
Construa Reputação

Sua reputação é seu bem mais valioso. É o reflexo de suas ações, valores e conquistas no olhar dos outros. Uma reputação sólida não apenas abre portas, mas também pavimenta o caminho para o sucesso, criando um legado que transcende o tempo. Ela inspira confiança, atrai oportunidades e amplifica sua capacidade de influenciar.

Construir uma reputação exige mais do que competência; requer consistência, autenticidade e um compromisso com a excelência. Cada interação, cada escolha e cada palavra contribuem para moldar a percepção que os outros têm de você. Seja no trabalho, nas relações pessoais ou na esfera pública, sua reputação funciona como um cartão de visitas, determinando como você será recebido e valorizado.

No mundo interconectado de hoje, onde a imagem pode ser construída ou destruída em questão de segundos, cultivar uma reputação positiva é tanto uma estratégia quanto uma necessidade. Não se trata apenas de buscar reconhecimento, mas de estabelecer um padrão de integridade e excelência que inspira confiança e respeito.

Sua reputação não é estática; ela cresce ou diminui com cada ação. E ao dominá-la, você transforma seu nome em um símbolo de credibilidade e influência, assegurando não apenas seu lugar no presente, mas também sua relevância no futuro.

Vantagens Pessoais:

Confiança e credibilidade: Uma reputação sólida inspira confiança nas pessoas, abrindo caminho para novas oportunidades e parcerias.

Influência e persuasão: Quando você tem uma boa reputação, suas palavras têm mais peso e suas ideias são levadas mais a sério.

Atração de oportunidades: Uma reputação positiva atrai oportunidades de negócios, promoções e colaborações.

Proteção contra ataques: Uma reputação sólida funciona como um escudo contra ataques e críticas, tornando você mais resistente a danos à sua imagem.

Facilidade de acesso: Pessoas com boa reputação têm mais facilidade em acessar recursos, informações e pessoas influentes.

Legado duradouro: Uma reputação positiva pode deixar um legado duradouro, inspirando e influenciando pessoas por muitas gerações.

Métodos de Aplicação:

1. Cultive a excelência:

Domine suas habilidades: Dedique-se a aprimorar suas habilidades e conhecimentos em sua área de atuação.

Produza trabalho de alta qualidade: Esforce-se para entregar resultados excelentes em tudo o que fizer.

Busque a melhoria contínua: Esteja sempre em busca de novas formas de aprender e crescer, mantendo-se atualizado e relevante em seu campo.

2. Construa relacionamentos sólidos:

Seja confiável e íntegro: Cumpra suas promessas, seja honesto em suas interações e aja com ética em todas as situações.

Cultive a empatia: Demonstre interesse genuíno pelas pessoas, ouça com atenção e procure compreender suas perspectivas.

Ajude os outros: Esteja disposto a ajudar os outros sem esperar nada em troca, construindo uma rede de contatos forte e leal.

3. Gerencie sua imagem pública:

Seja autêntico: Seja fiel a si mesmo e a seus valores, transmitindo uma imagem autêntica e consistente.

Comunique-se com clareza: Expresse suas ideias de forma clara, concisa e persuasiva, adaptando sua comunicação ao público e ao contexto.

Construa sua presença online: Utilize as mídias sociais e outras plataformas online para compartilhar seu trabalho, suas ideias e seus valores, construindo uma marca pessoal forte e positiva.

4. Proteja sua reputação:

Monitore sua reputação online: Acompanhe o que as pessoas estão dizendo sobre você online e responda a críticas de forma construtiva.

Defenda sua reputação: Não hesite em defender sua reputação contra ataques injustos ou falsos, tomando medidas para corrigir informações incorretas e proteger sua imagem.

Aprenda com seus erros: Todos cometem erros. Assuma a responsabilidade por seus erros, aprenda com eles e tome medidas para evitá-los no futuro.

Guia Passo a Passo para Aplicar a Lei "Construa Reputação":

1 - Defina sua marca pessoal: Identifique seus valores, habilidades e objetivos, e como você deseja ser percebido pelos outros.

2 - Invista em seu desenvolvimento: Busque oportunidades para aprender e crescer, aprimorando suas habilidades e conhecimentos.

3 - Construa relacionamentos: Conecte-se com pessoas em sua área de atuação, cultivando relacionamentos baseados em confiança e respeito mútuo.

4 - Gerencie sua presença online: Crie um perfil profissional online e compartilhe conteúdo relevante que demonstre sua expertise e seus valores.

5 - Monitore e proteja sua reputação: Acompanhe o que as pessoas dizem sobre você e tome medidas para defender sua imagem contra ataques e críticas.

Ajustes caso o Resultado Esperado não Ocorra:

Se você tiver dificuldade em construir relacionamentos: Procure participar de eventos e atividades que lhe permitam conhecer novas pessoas e fazer networking.

Se sua reputação online for negativa: Tome medidas para corrigir informações incorretas, responder a críticas e construir uma presença online mais positiva.

Se você cometer um erro que prejudique sua reputação: Assuma a responsabilidade por seus atos, peça desculpas e tome medidas para reparar o dano.

Exemplos:

Um profissional que deseja ser reconhecido como um expert em sua área: Publica artigos em revistas especializadas, palestra em eventos e compartilha seu conhecimento em plataformas online.

Um empreendedor que busca atrair investidores: Constrói uma reputação de inovação e sucesso através de seus produtos, serviços e histórias de sucesso.

Uma pessoa pública que deseja manter uma imagem positiva: Gerencia sua presença nas mídias sociais, responde a comentários e críticas e participa de ações sociais.

ua reputação é um legado em constante construção. Mais do que as palavras que os outros usam para descrevê-lo, ela reflete o impacto que você deixa no mundo. Cada escolha é uma oportunidade de solidificar essa fundação ou repará-la quando necessário.

Sua reputação é sua maior aliada. Cultive-a com cuidado, defenda-a com coragem e use-a como um farol para guiar suas ações e inspirar aqueles ao seu redor.

Lei 6
Chame Atenção

Chamar atenção não é um capricho; é uma necessidade estratégica em um mundo onde ser visto é o primeiro passo para ser valorizado. Aqueles que dominam a arte de se destacar não apenas capturam olhares, mas também ganham o poder de moldar percepções, influenciar decisões e abrir portas para oportunidades antes inalcançáveis.

Visibilidade é influência. Quando você atrai a atenção de maneira intencional, transforma seu trabalho, talento ou ideias em pontos de referência, diferenciando-se da multidão. Não se trata apenas de ser notado, mas de ser lembrado – de criar uma marca pessoal tão impactante que inspire confiança, respeito e reconhecimento duradouro.

A habilidade de capturar a atenção dos outros exige mais do que esforço; requer estratégia, criatividade e autenticidade. É a combinação do que você comunica, como comunica e para quem comunica. Desde uma presença confiante até um conteúdo original, cada detalhe contribui para construir uma imagem poderosa que não apenas atrai olhares, mas também os mantém.

Ser visto é o início de qualquer jornada de sucesso. E quem domina a atenção alheia não apenas caminha pelo palco da vida – comanda-o, deixando um legado que transcende o instante em que é visto.

Vantagens Pessoais:

Visibilidade e reconhecimento: Chamar a atenção aumenta sua visibilidade e o reconhecimento do seu trabalho, talento ou ideias.

Oportunidades: Ser notado abre portas para novas oportunidades, sejam elas profissionais, sociais ou pessoais.

Influência e persuasão: Quando você tem a atenção das pessoas, suas mensagens têm mais impacto e você se torna mais persuasivo.

Construção de marca pessoal: Chamar a atenção ajuda a construir uma marca pessoal forte e memorável, diferenciando você da concorrência.

Aumento da autoconfiança: Ser reconhecido e valorizado pelos outros aumenta sua autoconfiança e autoestima.

Crescimento pessoal e profissional: A visibilidade e o reconhecimento impulsionam seu crescimento pessoal e profissional, abrindo caminho para o sucesso.

Métodos de Aplicação:

1. Domine a arte da apresentação:

Aparência: Cuide da sua aparência, vestindo-se de forma adequada ao contexto e à imagem que você deseja transmitir.

Linguagem corporal: Use uma linguagem corporal confiante e expressiva, fazendo contato visual, gesticulando e mantendo uma postura ereta.

Comunicação verbal: Fale com clareza, entusiasmo e convicção, usando uma linguagem envolvente e persuasiva.

2. Crie conteúdo relevante e original:

Identifique seu público: Conheça seu público-alvo e crie conteúdo que seja relevante para seus interesses e necessidades.

Ofereça valor: Compartilhe informações úteis, insights interessantes e soluções para problemas reais.

Seja original: Diferencie-se da concorrência criando conteúdo original, criativo e memorável.

3. Utilize as mídias sociais de forma estratégica:

Escolha as plataformas certas: Identifique as plataformas de mídias sociais mais relevantes para seu público e concentre seus esforços nelas.

Construa uma presença forte: Publique conteúdo regularmente, interaja com seus seguidores e participe de conversas relevantes.

Promova seu trabalho: Utilize as mídias sociais para divulgar seu trabalho, suas ideias e seus projetos.

4. Explore o poder do marketing pessoal:

Networking: Participe de eventos e conferências, conecte-se com pessoas influentes e construa relacionamentos estratégicos.

Relações públicas: Divulgue seu trabalho para a imprensa, buscando oportunidades para ser entrevistado, citado ou convidado para eventos.

Marketing de conteúdo: Crie e distribua conteúdo relevante para atrair a atenção do seu público-alvo e construir sua autoridade em seu campo de atuação.

Guia Passo a Passo para Aplicar a Lei "Chame Atenção":

1 - Defina seus objetivos: Determine o que você deseja alcançar chamando a atenção (ex: reconhecimento, oportunidades, vendas).

2 - Identifique seu público: Conheça o perfil do seu público-alvo e seus interesses.

3 - Crie uma estratégia: Defina como você irá chamar a atenção (ex: conteúdo original, presença nas mídias sociais, eventos).

4 - Implemente sua estratégia: Coloque seu plano em ação, criando e divulgando conteúdo relevante e participando de eventos estratégicos.

5 - Monitore seus resultados: Avalie o impacto das suas ações e faça os ajustes necessários para otimizar seus resultados.

Ajustes caso o Resultado Esperado não Ocorra:

Se seu conteúdo não estiver tendo o alcance desejado: Revise sua estratégia de divulgação, experimente diferentes plataformas e formatos de conteúdo.

Se você não estiver conseguindo se conectar com seu público: Analise seus interesses e necessidades, adaptando sua mensagem e linguagem.

Se você não estiver recebendo o feedback esperado: Peça feedback a pessoas de confiança e esteja aberto a críticas construtivas.

Exemplos:

Um artista que deseja divulgar seu trabalho: Organiza uma exposição em um local inusitado, cria uma performance artística chamativa ou utiliza as mídias sociais para compartilhar seu processo criativo.

Um empreendedor que lança um novo produto: Cria uma campanha de marketing viral, oferece um desconto exclusivo para os primeiros compradores ou envia amostras grátis para influenciadores digitais.

Um profissional que busca uma nova oportunidade de emprego: Atualiza seu currículo com informações relevantes, participa de eventos de networking e se candidata a vagas de forma proativa.

A atenção que você conquista é reflexo do valor que oferece ao mundo. Ela é o ponto de partida para influenciar, inspirar e construir uma trajetória marcante. No entanto, ser notado não é o suficiente; o verdadeiro impacto vem de como você utiliza essa visibilidade para criar conexões genuínas e transformar oportunidades em realizações.

Chamar a atenção é mais do que brilhar. É usar sua luz para iluminar o caminho que você deseja seguir, criando um impacto que ecoa muito além do momento presente.

Lei 7
Inspire Confiança

A confiança é o cimento que sustenta todas as relações significativas e bem-sucedidas. Não é apenas um atributo desejável, mas um requisito essencial para criar conexões genuínas, promover colaboração e cultivar uma vida de harmonia e respeito mútuo. Inspirar confiança não acontece por acaso; é uma habilidade desenvolvida por meio de autenticidade, integridade e ações consistentes.

Ser digno de confiança é mais do que cumprir promessas – é ser um pilar de estabilidade no meio da incerteza, um exemplo de congruência entre palavras e ações. Aqueles que inspiram confiança são ouvidos com mais atenção, seguidos com maior convicção e respeitados por sua presença e valores. Essa influência vai além do que é dito; ela se reflete no modo como você trata os outros e como os outros se sentem ao seu redor.

A confiança é construída de forma intencional, tijolo por tijolo, através de gestos autênticos e interações honestas. Quando você age com empatia, respeita as diferenças e permanece presente para aqueles que dependem de você, sua reputação se torna uma fortaleza, protegida por sua integridade e reforçada por suas ações.

Cultivar confiança é um convite para a reciprocidade: ao inspirá-la nos outros, você também se fortalece, criando relacionamentos que transcendem barreiras e promovem crescimento mútuo. É uma escolha consciente que transforma não apenas o que você é, mas o que você representa para o mundo.

Vantagens Pessoais:

Fortalecimento de relacionamentos: A confiança é o alicerce de qualquer relacionamento saudável. Inspirar confiança nos outros aprofunda seus laços e cria conexões mais autênticas e significativas.

Melhoria da comunicação: A confiança facilita a comunicação aberta e honesta, permitindo que você se expresse livremente e seja compreendido com mais clareza.

Aumento da influência: Pessoas confiáveis têm maior influência sobre os outros, pois suas opiniões e conselhos são levados em consideração.

Facilitação da colaboração: A confiança promove a colaboração e o trabalho em equipe, criando um ambiente propício à criatividade e à produtividade.

Redução de conflitos: A confiança ajuda a prevenir e resolver conflitos de forma mais construtiva, pois as pessoas estão mais dispostas a se comunicar abertamente e encontrar soluções mutuamente aceitáveis.

Melhoria da saúde mental: Relações baseadas em confiança promovem o bem-estar mental e emocional, reduzindo o estresse e a ansiedade.

Métodos de Aplicação:

1. Seja autêntico e transparente:

Compartilhe seus valores: Seja aberto sobre seus valores e crenças, demonstrando congruência entre suas palavras e suas ações.

Admita suas falhas: Não tenha medo de admitir seus erros e vulnerabilidades. A honestidade e a humildade inspiram confiança.

Comunique-se abertamente: Mantenha uma comunicação aberta e honesta com as pessoas ao seu redor, compartilhando informações relevantes e respondendo a perguntas de forma transparente.

2. Demonstre competência e confiabilidade:

Cumpra suas promessas: Faça o que você diz que vai fazer e seja pontual em seus compromissos. A confiabilidade é fundamental para inspirar confiança.

Demonstre expertise: Compartilhe seu conhecimento e habilidades com os outros, demonstrando sua competência em sua área de atuação.

Busque feedback: Esteja aberto a receber feedback e use-o para melhorar seu desempenho e suas habilidades.

3. Cultive a empatia e o respeito:

Ouça ativamente: Preste atenção genuína ao que os outros têm a dizer, demonstrando interesse e empatia.

Respeite as diferenças: Valorize a diversidade e respeite as opiniões e perspectivas dos outros, mesmo quando discordar deles.

Aja com integridade: Trate todas as pessoas com respeito e dignidade, agindo com ética e justiça em todas as situações.

4. Construa relacionamentos fortes:

Invista tempo em seus relacionamentos: Dedique tempo e energia para cultivar seus relacionamentos, seja com amigos, familiares ou colegas de trabalho.

Esteja presente: Esteja presente nos momentos importantes da vida das pessoas que você se importa, demonstrando seu apoio e seu carinho.

Seja confiável: Esteja lá para as pessoas quando elas precisarem de você, oferecendo seu apoio e sua ajuda.

Guia Passo a Passo para Aplicar a Lei "Inspire Confiança":

1 - Seja autêntico: Seja você mesmo e aja com transparência em suas interações.

2 - Demonstre competência: Desenvolva suas habilidades e conhecimento e cumpra seus compromissos.

3 - Cultive a empatia: Ouça com atenção, respeite as diferenças e aja com integridade.

4 - Construa relacionamentos: Invista tempo e energia em seus relacionamentos, esteja presente e seja confiável.

Ajustes caso o Resultado Esperado não Ocorra:

Se você tiver dificuldade em se abrir com os outros: Comece compartilhando pequenos detalhes sobre si mesmo e vá aumentando gradualmente o nível de intimidade.

Se você cometer um erro que abale a confiança dos outros: Assuma a responsabilidade por seus atos, peça desculpas e tome medidas para recuperar a confiança perdida.

Se você tiver dificuldade em manter relacionamentos duradouros: Reflita sobre seus padrões de comportamento e busque ajuda profissional se necessário.

Exemplos:

Um líder que deseja inspirar confiança em sua equipe: Compartilha sua visão, define expectativas claras, delega responsabilidades e reconhece o trabalho de seus colaboradores.

Um profissional que busca construir relacionamentos com clientes: Demonstra expertise em sua área, oferece soluções personalizadas e mantém uma comunicação transparente e eficaz.

Um amigo que deseja fortalecer seus laços de amizade: Está presente nos momentos bons e ruins, oferece apoio incondicional e mantém uma comunicação aberta e honesta.

Confiança não é um presente, mas um reflexo de suas ações e de seu caráter. Ao inspirar confiança, você constrói pontes que conectam não apenas pessoas, mas também ideias, valores e objetivos comuns. Cada gesto de autenticidade, cada palavra cumprida, contribui para um legado de respeito e colaboração.

Confiança é uma via de mão dupla. Ao cultivá-la nos outros, você também a fortalece em si mesmo, criando uma base sólida para relações que resistem ao tempo e aos desafios.

Lei 8
Domine Narrativas

Narrativas são a alma da comunicação humana. Elas não apenas informam, mas cativam, emocionam e transformam. Dominar a arte de contar histórias é a habilidade que diferencia uma mensagem comum de uma experiência memorável, capaz de inspirar, persuadir e deixar um impacto duradouro.

Quando você domina as narrativas, passa a moldar percepções e despertar emoções de maneira profunda. Suas ideias ganham vida através de personagens envolventes, conflitos significativos e resoluções inspiradoras. A história bem contada transcende palavras; ela cria conexões emocionais que ressoam com o público em níveis profundos, construindo empatia e compreensão.

Além disso, narrativas poderosas não são apenas ferramentas criativas – são armas estratégicas. Elas definem como você é percebido, ajudam a construir sua marca pessoal e permitem que você controle a narrativa em momentos críticos. Seja em um discurso, uma apresentação, uma campanha publicitária ou uma simples conversa, uma história bem elaborada tem o poder de moldar opiniões e influenciar decisões.

Dominar narrativas é mais do que criar histórias; é entender como o poder das palavras pode conectar, inspirar e transformar. Quem domina essa arte, domina também o impacto que deseja deixar no mundo.

Vantagens Pessoais:

Comunicação eficaz: Narrativas tornam a comunicação mais eficaz, pois capturam a atenção do público, facilitam a compreensão e tornam as mensagens mais memoráveis.

Persuasão e influência: Histórias bem construídas têm o poder de persuadir e influenciar as pessoas, despertando emoções, mudando opiniões e motivando ações.

Construção de marca pessoal: Narrativas autênticas e envolventes ajudam a construir uma marca pessoal forte e memorável, conectando você com seu público em um nível mais profundo.

Gerenciamento de crises: Dominar narrativas permite que você controle a narrativa em situações de crise, protegendo sua reputação e minimizando danos.

Liderança inspiradora: Líderes que dominam a arte de contar histórias inspiram e motivam suas equipes, criando um senso de propósito e pertencimento.

Criação de conexões humanas: Narrativas criam conexões emocionais entre as pessoas, promovendo a empatia, a compreensão e a colaboração.

Métodos de Aplicação:

1. Construa narrativas envolventes:

Estrutura: Utilize uma estrutura narrativa clássica, com início, meio e fim, criando um arco dramático que mantenha o público engajado.

Personagens: Crie personagens memoráveis e identificáveis, com quem o público possa se conectar e se identificar.

Conflito: Apresente um conflito que gere tensão e mantenha o público em suspense, aguardando a resolução.

Emoção: Explore as emoções humanas para criar uma conexão emocional com o público, despertando empatia, compaixão ou alegria.

2. Adapte a narrativa ao contexto:

Público: Adapte sua narrativa ao público que você deseja alcançar, considerando seus interesses, valores e nível de conhecimento.

Objetivo: Defina o objetivo da sua narrativa e construa a história em torno dele, seja para persuadir, informar, entreter ou inspirar.

Meio: Escolha o meio adequado para sua narrativa, seja um discurso, uma apresentação, um artigo, um vídeo ou uma postagem nas mídias sociais.

3. Controle a narrativa:

Enquadramento: Defina o enquadramento da sua narrativa, destacando os aspectos que você deseja enfatizar e minimizando aqueles que podem ser prejudiciais à sua mensagem.

Linguagem: Utilize uma linguagem persuasiva, com recursos como metáforas, analogias e storytelling, para cativar o público e reforçar sua mensagem.

Contraste: Crie contrastes entre o "antes" e o "depois", o "certo" e o "errado", o "herói" e o "vilão", para reforçar sua mensagem e torná-la mais memorável.

4. Domine as ferramentas de storytelling:

Autenticidade: Compartilhe histórias reais e autênticas, que transmitam seus valores e sua personalidade.

Detalhes: Inclua detalhes vivos e sensoriais em suas narrativas, para torná-las mais envolventes e memoráveis.

Conexão emocional: Crie uma conexão emocional com o público, compartilhando suas próprias experiências e emoções.

Guia Passo a Passo para Aplicar a Lei "Domine Narrativas":

1 - Defina seu objetivo: Determine o que você deseja alcançar com sua narrativa.

2 - Identifique seu público: Conheça seu público-alvo e seus interesses.

3 - Construa a narrativa: Crie uma história envolvente, com personagens memoráveis, conflito e emoção.

4 - Adapte a narrativa ao contexto: Ajuste a história ao público, objetivo e meio de comunicação.

5 - Controle a narrativa: Utilize o enquadramento, a linguagem e o contraste para reforçar sua mensagem.

Ajustes caso o Resultado Esperado não Ocorra:

Se sua narrativa não estiver engajando o público: Revise a estrutura da história, os personagens e o conflito.

Se sua mensagem não estiver sendo compreendida: Simplifique a linguagem, utilize exemplos e analogias.

Se sua narrativa não estiver sendo persuasiva: Reforce a conexão emocional com o público e utilize recursos de storytelling mais eficazes.

Exemplos:

Um político que deseja convencer o eleitorado: Conta histórias pessoais que demonstram sua conexão com as pessoas e seus valores.

Uma empresa que lança um novo produto: Cria uma campanha publicitária com uma narrativa envolvente que apresenta os benefícios do produto.

Um professor que deseja ensinar uma lição complexa: Utiliza uma história para ilustrar o conceito e torná-lo mais acessível aos alunos.

Narrativas não são apenas ferramentas de comunicação – são pontes que conectam ideias e pessoas, criando um espaço onde a lógica encontra a emoção. Contar histórias é a habilidade que transforma a informação em inspiração, tornando cada mensagem uma oportunidade de conexão genuína.

Ao dominar narrativas, você não apenas comunica – você molda realidades, inspira ações e deixa sua marca. Cada história que você conta é uma extensão de quem você é e do impacto que deseja causar.

Lei 9
Planeje Vitórias

Nenhuma vitória é fruto do acaso. Planejar vitórias é mais do que uma estratégia – é a fundação sobre a qual os grandes sucessos são construídos. Quando você transforma sonhos em objetivos claros e define um caminho detalhado para alcançá-los, cada passo se torna um movimento calculado rumo à conquista.

Planejar não é apenas organizar. É visualizar, antecipar e preparar-se para os desafios e oportunidades que surgirão ao longo do caminho. É o ato de criar um roteiro que direciona sua energia para o que realmente importa, eliminando distrações e transformando potenciais dificuldades em etapas superáveis.

Aqueles que dominam a arte do planejamento não apenas alcançam mais – eles o fazem com eficiência, confiança e propósito. O planejamento eficaz não só amplia sua produtividade, mas também fortalece sua autoconfiança, mostrando que você tem o controle de sua jornada. Ele reduz o estresse ao transformar a incerteza em clareza e a ansiedade em ação direcionada.

Planejar vitórias é decidir, com firmeza, que seus objetivos são mais do que sonhos. É comprometê-los ao papel, à ação e à realidade. Essa habilidade é a marca dos vencedores, daqueles que não esperam por circunstâncias perfeitas, mas as criam.

Vantagens Pessoais:

Clareza e foco: Planejar suas vitórias fornece clareza sobre seus objetivos e o caminho que você precisa seguir para alcançá-los, mantendo o foco e a motivação.

Organização e produtividade: Um bom planejamento ajuda a organizar seu tempo, seus recursos e suas atividades, aumentando sua produtividade e eficiência.

Antecipação de problemas: Planejar com antecedência permite que você identifique potenciais obstáculos e desenvolva estratégias para superá-los, minimizando riscos e surpresas desagradáveis.

Gerenciamento de recursos: Um planejamento eficaz ajuda a gerenciar seus recursos de forma eficiente, sejam eles financeiros, materiais ou humanos.

Aumento da autoconfiança: Planejar e alcançar seus objetivos aumenta sua autoconfiança e sua crença em sua capacidade de realizar seus sonhos.

Redução do estresse: Um bom planejamento reduz o estresse e a ansiedade, pois você se sente mais no controle de sua vida e de seu futuro.

Métodos de Aplicação:

1. Defina metas claras e específicas:

Estabeleça objetivos SMART: Utilize a metodologia SMART para definir metas que sejam específicas, mensuráveis, alcançáveis, relevantes e com prazo definido.

Divida metas complexas em etapas menores: Se seu objetivo for muito complexo, divida-o em etapas menores e mais fáceis de gerenciar.

Visualize seus objetivos: Imagine-se alcançando seus objetivos e experimente as emoções positivas associadas a essa realização.

2. Crie um plano de ação detalhado:

Defina as etapas necessárias: Identifique as etapas que você precisa seguir para alcançar seus objetivos.

Estabeleça prazos: Defina prazos realistas para cada etapa do seu plano.

Aloque recursos: Determine os recursos necessários para cada etapa, como tempo, dinheiro, materiais e pessoas.

3. Antecipe obstáculos e desenvolva estratégias de contingência:

Identifique potenciais problemas: Pense nos possíveis obstáculos que você pode encontrar ao longo do caminho.

Crie planos alternativos: Desenvolva planos de contingência para lidar com os possíveis problemas, garantindo que você tenha opções caso as coisas não saiam como planejado.

Seja flexível: Esteja preparado para adaptar seu plano conforme necessário, pois as circunstâncias podem mudar e novos desafios podem surgir.

4. Monitore seu progresso e faça ajustes:

Acompanhe seu desempenho: Monitore seu progresso em relação às metas e prazos estabelecidos.

Avalie seus resultados: Analise seus resultados e identifique o que está funcionando e o que precisa ser melhorado.

Faça ajustes em seu plano: Ajuste seu plano de ação conforme necessário, com base em seu progresso e nos resultados obtidos.

Guia Passo a Passo para Aplicar a Lei "Planeje Vitórias":

1 - Defina suas metas: Estabeleça objetivos claros, específicos e mensuráveis.

2 - Crie um plano de ação: Defina as etapas, prazos e recursos necessários para alcançar seus objetivos.

3 - Antecipe obstáculos: Identifique potenciais problemas e crie planos de contingência.

4 - Monitore seu progresso: Acompanhe seu desempenho, avalie seus resultados e faça ajustes em seu plano conforme necessário.

Ajustes caso o Resultado Esperado não Ocorra:

Se você estiver tendo dificuldade em definir metas: Busque inspiração em pessoas que você admira, leia livros sobre planejamento e definição de metas ou contrate um coach para auxiliá-lo.

Se seu plano não estiver funcionando: Revise seu plano de ação, identifique os pontos fracos e faça as alterações necessárias.

Se você encontrar obstáculos inesperados: Mantenha a calma, avalie a situação e adapte seu plano para superar os desafios.

Exemplos:

Um estudante que deseja ser aprovado em um concurso público: Define um cronograma de estudos, seleciona materiais de estudo e faz simulados para monitorar seu progresso.

Um atleta que se prepara para uma competição: Cria um plano de treinamento, define metas de desempenho e monitora sua alimentação e descanso.

Um empreendedor que deseja abrir um novo negócio: Elabora um plano de negócios, busca financiamento e define estratégias de marketing e vendas.

Planejar é mais do que antecipar o futuro – é moldá-lo. Cada passo calculado e cada meta alcançada reforçam sua capacidade de transformar intenções em conquistas. No planejamento está o poder de não apenas alcançar vitórias, mas de construir uma trajetória sólida e inspiradora.

O planejamento é o mapa que leva você do desejo à realização. Traçado com cuidado, ele não só o guia, mas também o capacita a superar os obstáculos e a celebrar cada vitória conquistada.

Lei 10
Evite Conflitos

Evitar conflitos não é um sinal de fraqueza, mas uma demonstração de sabedoria e controle. Em um mundo onde as tensões podem facilmente escalar, a habilidade de contornar confrontos é uma ferramenta poderosa para preservar sua energia, proteger sua reputação e manter relacionamentos harmoniosos.

A paz, muitas vezes, não surge da ausência de problemas, mas da escolha consciente de evitar confrontos desnecessários. Evitar conflitos é um ato estratégico que permite focar em objetivos maiores, mantendo sua atenção no que realmente importa. Ele promove ambientes saudáveis, onde o respeito, a cooperação e a produtividade florescem.

Essa habilidade exige mais do que silêncio. Ela demanda comunicação clara, empatia genuína e uma abordagem diplomática. Quem domina a arte de evitar conflitos não apenas resolve tensões antes que se tornem problemas, mas também constrói uma reputação de equilíbrio e discernimento que inspira confiança e admiração.

Evitar conflitos é mais do que recuar; é agir de forma calculada para criar harmonia e abrir caminho para soluções que beneficiem todos os envolvidos. É transformar desafios em oportunidades de colaboração e entendimento.

Vantagens Pessoais:

Preservação de energia: Evitar conflitos desnecessários preserva sua energia física e emocional, permitindo que você se concentre em atividades mais produtivas e positivas.

Proteção da reputação: Conflitos podem manchar sua reputação e afetar sua imagem negativamente. Evitar confrontos desnecessários ajuda a preservar sua credibilidade e influência.

Construção de relacionamentos: Evitar conflitos contribui para a construção e manutenção de relacionamentos saudáveis, baseados no respeito e na cooperação.

Melhoria da comunicação: A busca por soluções pacíficas estimula o diálogo e a comunicação construtiva, permitindo que você expresse suas necessidades e compreenda as perspectivas dos outros.

Aumento da produtividade: Ambientes livres de conflitos são mais produtivos, pois as pessoas podem se concentrar em suas tarefas sem distrações e tensões.

Promoção da paz interior: Evitar conflitos contribui para a sua paz interior e bem-estar emocional, criando um ambiente mais harmonioso e equilibrado.

Métodos de Aplicação:

1. Identifique situações de risco:

Analise o contexto: Esteja atento aos sinais que indicam um potencial conflito, como divergências de opiniões, competição por recursos ou mudanças inesperadas.

Conheça seus gatilhos: Identifique as situações ou pessoas que tendem a desencadear reações emocionais negativas em você.

Observe a linguagem corporal: Preste atenção à linguagem corporal das pessoas ao seu redor, identificando sinais de tensão, irritação ou agressividade.

2. Comunique-se com diplomacia:

Escolha suas palavras com cuidado: Comunique-se de forma clara, respeitosa e assertiva, evitando linguagem agressiva ou acusatória.

Ouça ativamente: Preste atenção ao que os outros têm a dizer, buscando compreender suas perspectivas e necessidades.

Demonstre empatia: Coloque-se no lugar da outra pessoa e tente enxergar a situação do ponto de vista dela.

3. Negocie e busque soluções mutuamente aceitáveis:

Esteja aberto a concessões: Esteja disposto a ceder em alguns pontos para chegar a um acordo que satisfaça ambas as partes.

Explore alternativas: Seja criativo na busca por soluções que atendam aos interesses de todos os envolvidos.

Encontre pontos em comum: Concentre-se nos pontos em que vocês concordam e use-os como base para construir uma solução conjunta.

4. Contorne obstáculos e mantenha a paz:

Evite o confronto direto: Se possível, evite o confronto direto e busque resolver as divergências de forma mais discreta e diplomática.

Mantenha a calma: Respire fundo, controle suas emoções e evite reagir impulsivamente em situações tensas.

Afaste-se se necessário: Se a situação estiver muito tensa, afaste-se por um tempo para se acalmar e refletir sobre a melhor forma de agir.

Guia Passo a Passo para Aplicar a Lei "Evite Conflitos":

1 - Identifique situações de risco: Esteja atento aos sinais de potenciais conflitos.

2 - Comunique-se com diplomacia: Fale com clareza, respeito e empatia.

3 - Negocie e busque soluções: Esteja aberto a concessões e explore alternativas.

4 - Contorne obstáculos: Evite o confronto direto, mantenha a calma e afaste-se se necessário.

Ajustes caso o Resultado Esperado não Ocorra:

Se o conflito for inevitável: Prepare-se para defender seus interesses de forma assertiva, mas sem agressividade.

Se você se sentir intimidado ou ameaçado: Busque o apoio de pessoas de confiança ou de autoridades competentes.

Se o conflito escalar para a violência: Priorize sua segurança e afaste-se da situação o mais rápido possível.

Exemplos:

Em uma discussão com um colega de trabalho: Em vez de revidar com críticas, ouça com atenção e tente encontrar pontos em comum.

Em uma negociação comercial: Esteja disposto a ceder em alguns pontos para fechar um acordo que seja vantajoso para ambas as partes.

Em um conflito familiar: Busque o diálogo e a mediação para resolver as divergências de forma pacífica e construtiva.

Evitar conflitos é preservar a paz em meio ao caos. Ao escolher a diplomacia em vez do confronto, você fortalece relacionamentos, protege sua energia e cria um ambiente onde a cooperação pode prosperar.

Evitar um conflito não é evitar um problema, mas sim escolher um caminho que promove equilíbrio e entendimento. A verdadeira força está em manter a paz sem sacrificar seus valores.

Lei 11
Gerencie Dependência

A independência e o gerenciamento de dependências são pilares fundamentais para exercer poder e alcançar benefícios pessoais na atualidade. A capacidade de agir de forma autônoma, sem estar sujeito a pressões externas, amplia a liberdade de escolhas e fortalece a resiliência frente a desafios. Por outro lado, o controle estratégico das dependências permite equilibrar relações, aumentar a influência e reduzir vulnerabilidades.

Pessoas autossuficientes desenvolvem maior confiança e têm mais flexibilidade para explorar oportunidades. Diversificar recursos, construir redes de apoio e adquirir novas habilidades são práticas que promovem uma independência sólida e eficaz. Ao mesmo tempo, analisar dinâmicas de dependência, entendendo quem depende de você e de quem você depende, ajuda a identificar pontos de poder e controle nas interações.

Gerir dependências de forma estratégica aumenta a influência e o impacto pessoal. Práticas como a oferta de ajuda intencional, a criação de escassez e o controle de informações ajudam a consolidar posições vantajosas, enquanto a manutenção de alternativas viáveis e negociações firmes protege contra manipulações.

A aplicação dessas estratégias permite não apenas maior autonomia, mas também o fortalecimento de relações equilibradas e produtivas. A ciência por trás dessas práticas oferece caminhos claros para desenvolver poder, liberdade e resiliência de maneira prática e eficaz.

Vantagens Pessoais:

Autonomia e liberdade: Gerenciar sua própria dependência aumenta sua autonomia e liberdade, permitindo que você tome decisões com base em seus próprios interesses e valores, sem ser influenciado por pressões externas.

Poder de negociação: Quando você é menos dependente dos outros, sua posição em uma negociação se fortalece, permitindo que você obtenha melhores resultados e defenda seus interesses com mais eficácia.

Resiliência a mudanças: A independência torna você mais resiliente a mudanças e incertezas, pois você tem mais recursos e opções para lidar com situações inesperadas.

Autoconfiança: Gerenciar a dependência aumenta sua autoconfiança, pois você se sente mais no controle de sua vida e de seu destino.

Redução de vulnerabilidades: Minimizar sua dependência de fatores externos reduz suas vulnerabilidades e o risco de ser manipulado ou explorado.

Oportunidades: A independência abre portas para novas oportunidades, pois você tem mais liberdade para buscar seus objetivos e explorar novos caminhos.

Métodos de Aplicação:

1. Cultive a independência:

Desenvolva suas habilidades: Invista em seu desenvolvimento pessoal e profissional, adquirindo novas habilidades e conhecimentos que o tornem mais autossuficiente.

Diversifique suas fontes de recursos: Não dependa de uma única fonte de renda, informação ou apoio. Diversifique suas fontes para reduzir sua dependência de qualquer fator específico.

Construa uma rede de contatos: Cultive relacionamentos com pessoas que possam lhe oferecer suporte e ajuda em diferentes áreas da vida.

2. Analise as relações de dependência:

Identifique quem depende de você: Esteja consciente das pessoas que dependem de você e de como essa dependência afeta seu poder de negociação e suas relações.

Identifique de quem você depende: Reconheça suas próprias dependências e como elas podem limitar sua autonomia e liberdade.

Avalie o equilíbrio de poder: Analise as relações de poder em suas interações, identificando quem tem mais influência e controle.

3. Gerencie a dependência dos outros:

Ofereça ajuda estratégica: Ajude os outros de forma estratégica, criando um senso de obrigação e reciprocidade.

Crie escassez: Crie a percepção de escassez em relação aos seus recursos ou habilidades, aumentando seu valor e influência.

Mantenha o controle da informação: Controle o fluxo de informações para manter uma posição de vantagem em relação àqueles que dependem de você.

4. Evite ser controlado pela dependência:

Mantenha suas opções abertas: Não se limite a uma única opção ou caminho. Mantenha suas opções abertas para ter mais flexibilidade e liberdade de escolha.

Negocie com firmeza: Defenda seus interesses com firmeza e não ceda a pressões ou chantagens.

Busque alternativas: Se você se sentir preso em uma relação de dependência desfavorável, busque alternativas e crie um plano para se libertar.

Guia Passo a Passo para Aplicar a Lei "Gerencie Dependência":

1 - Cultive a independência: Desenvolva suas habilidades, diversifique seus recursos e construa uma rede de contatos.

2 - Analise as relações de dependência: Identifique quem depende de você e de quem você depende.

3 - Gerencie a dependência dos outros: Ofereça ajuda estratégica, crie escassez e controle a informação.

4 - Evite ser controlado: Mantenha suas opções abertas, negocie com firmeza e busque alternativas.

Ajustes caso o Resultado Esperado não Ocorra:

Se você tiver dificuldade em se tornar mais independente: Identifique os fatores que o impedem de alcançar a independência e crie um plano para superá-los.

Se você estiver sendo manipulado por alguém: Reconheça os sinais de manipulação e tome medidas para se proteger.

Se você não conseguir se libertar de uma relação de dependência desfavorável: Busque ajuda profissional para superar os desafios e construir um caminho para a liberdade.

Exemplos:

Um funcionário que deseja aumentar seu poder de negociação com seu chefe: Adquire novas habilidades e conhecimentos que o tornam mais valioso para a empresa.

Um fornecedor que deseja ter mais controle sobre seus clientes: Cria um produto ou serviço exclusivo e limita sua disponibilidade.

Uma pessoa que deseja se libertar de um relacionamento abusivo: Desenvolve um plano para se tornar financeiramente independente e busca o apoio de amigos e familiares.

Gerenciar a dependência é essencial para navegar pelas complexas relações de poder no mundo atual. Ao cultivar a independência, você aumenta sua autonomia, liberdade e poder de negociação. Ao mesmo tempo, compreender e gerenciar a dependência dos outros permite que você influencie pessoas e alcance seus objetivos com mais eficácia. Lembre-se, a dependência é uma ferramenta poderosa. Use-a com sabedoria para construir uma vida mais livre e autêntica.

Lei 12
Ofereça Generosidade

A generosidade é uma ferramenta poderosa para construir relações sólidas, fortalecer a reputação e atrair oportunidades. Atos generosos criam um ciclo de reciprocidade que beneficia tanto quem oferece quanto quem recebe, gerando confiança, admiração e uma rede de apoio mútuo. Estudos comprovam que a prática da generosidade não apenas melhora o bem-estar, mas também desenvolve qualidades como empatia e gratidão, elementos essenciais para o crescimento pessoal e emocional.

Ao compartilhar recursos, tempo ou conhecimento, você amplia sua influência e constrói conexões baseadas na confiança e no respeito. Pequenos atos de gentileza no dia a dia ou a oferta de apoio em momentos cruciais podem ser determinantes para fortalecer laços e consolidar parcerias. Além disso, a generosidade estratégica, ao atender necessidades reais de forma genuína, potencializa sua capacidade de engajar e inspirar outras pessoas.

Praticar generosidade exige equilíbrio. Estabelecer limites saudáveis protege contra abusos e garante que suas ações continuem sendo eficazes e significativas. Incorporar a generosidade na rotina e utilizá-la como uma ferramenta de fortalecimento de laços interpessoais permite transformar interações cotidianas em oportunidades para criar impacto positivo e duradouro.

A generosidade é um dos alicerces do poder moderno. Ela não é apenas uma expressão de altruísmo, mas também um caminho para alcançar resultados tangíveis em sua vida pessoal e profissional. Ao aplicá-la de forma estratégica e genuína, você constrói uma base sólida para prosperar em qualquer esfera.

Vantagens Pessoais:

Fortalecimento de laços: A generosidade cria um ciclo virtuoso de reciprocidade, fortalecendo seus laços com as pessoas ao seu redor e criando uma rede de apoio mútuo.

Aumento da influência: Atos de generosidade aumentam sua influência sobre os outros, pois as pessoas se sentem naturalmente inclinadas a retribuir a gentileza e a cooperar com aqueles que as ajudam.

Melhoria da reputação: A generosidade contribui para a construção de uma reputação positiva, transmitindo uma imagem de altruísmo, compaixão e liderança.

Atração de oportunidades: Pessoas generosas atraem oportunidades, pois inspiram confiança, admiração e boa vontade nos outros.

Aumento da felicidade: Estudos mostram que a generosidade aumenta a felicidade e o bem-estar, tanto para quem recebe quanto para quem oferece.

Crescimento pessoal: Praticar a generosidade desenvolve qualidades como empatia, compaixão e gratidão, contribuindo para o seu crescimento pessoal e desenvolvimento emocional.

Métodos de Aplicação:

1. Ofereça seu tempo e suas habilidades:

Voluntariado: Dedique seu tempo a causas sociais ou organizações que você acredita, oferecendo suas habilidades e conhecimentos para ajudar os outros.

Mentoria: Compartilhe sua experiência e conhecimentos com pessoas que estão começando suas carreiras ou que buscam orientação em suas vidas.

Ajuda a amigos e familiares: Esteja disponível para ajudar seus amigos e familiares em momentos de necessidade, oferecendo apoio prático e emocional.

2. Compartilhe seus recursos:

Doações: Contribua financeiramente para causas sociais ou instituições de caridade que você apoia.

Compartilhamento de conhecimento: Compartilhe seus conhecimentos e ideias livremente, contribuindo para o aprendizado e crescimento dos outros.

Compartilhamento de recursos materiais: Se você possui recursos materiais que podem ser úteis para outras pessoas, compartilhe-os generosamente.

3. Pratique a generosidade no dia a dia:

Pequenos atos de gentileza: Pratique pequenos atos de gentileza no seu dia a dia, como oferecer ajuda a um estranho, ceder seu lugar no ônibus ou elogiar alguém.

Ouvido atento: Esteja disponível para ouvir as pessoas que precisam desabafar ou compartilhar suas preocupações, oferecendo um ouvido atento e compaixão.

Perdão: Pratique o perdão, liberando-se de ressentimentos e mágoas, e oferecendo uma segunda chance às pessoas que erraram com você.

4. Seja estratégico em sua generosidade:

Identifique as necessidades dos outros: Preste atenção às necessidades das pessoas ao seu redor e ofereça ajuda de forma genuína e relevante.

Ofereça ajuda sem esperar nada em troca: A verdadeira generosidade é desinteressada. Ofereça ajuda sem esperar reciprocidade ou reconhecimento imediato.

Construa relacionamentos através da generosidade: Utilize a generosidade como uma ferramenta para construir relacionamentos fortes e duradouros, baseados na confiança e no apoio mútuo.

Guia Passo a Passo para Aplicar a Lei "Ofereça Generosidade":

1 - Identifique suas habilidades e recursos: Reconheça seus talentos, conhecimentos e recursos que você pode compartilhar com os outros.

2 - Encontre oportunidades para ser generoso: Busque oportunidades para praticar a generosidade em sua comunidade, trabalho ou vida pessoal.

3 - Ofereça ajuda de forma genuína e relevante: Preste atenção às necessidades dos outros e ofereça ajuda de forma que seja realmente útil e significativa.

4 - Pratique a generosidade no dia a dia: Incorpore a generosidade em seus hábitos diários, praticando pequenos atos de gentileza e oferecendo apoio aos outros.

5 - Construa relacionamentos através da generosidade: Utilize a generosidade para fortalecer seus laços com as pessoas ao seu redor e construir uma rede de apoio mútuo.

Ajustes caso o Resultado Esperado não Ocorra:

Se você se sentir explorado: Reveja seus limites e aprenda a dizer "não" quando necessário, para evitar que sua generosidade seja utilizada de forma abusiva.

Se você não receber reconhecimento: Lembre-se que a verdadeira generosidade é desinteressada. Concentre-se na satisfação de ajudar os outros, e não na busca por reconhecimento externo.

Se você não sentir que está fazendo a diferença: Busque novas formas de contribuir e encontre causas que realmente o inspirem a ser generoso.

Exemplos:

Um líder que oferece mentoria a seus colaboradores: Compartilha seus conhecimentos e experiências, ajudando-os a desenvolver suas habilidades e alcançar seus objetivos.

Um empresário que doa parte de seus lucros para uma instituição de caridade: Contribui para uma causa social e fortalece a imagem de sua empresa.

Um amigo que oferece apoio emocional em um momento difícil: Demonstra compaixão e fortalece os laços de amizade.

A prática da generosidade, quando genuína e estratégica, não é apenas um gesto de altruísmo, mas uma habilidade que potencializa conexões humanas, fortalece sua posição em relações interpessoais e promove crescimento mútuo. Ao oferecer recursos, tempo e apoio, você constrói uma rede de confiança e reciprocidade que amplia sua influência e solidifica sua reputação. Generosidade é uma ferramenta transformadora: ela não apenas atrai oportunidades e melhora sua própria qualidade de vida, mas também cria impactos positivos ao seu redor, permitindo que você exerça poder com empatia, equilíbrio e propósito.

Lei 13
Desarme Oposição

Desarmar a oposição é uma habilidade essencial para alcançar resultados estratégicos e preservar sua energia em um mundo repleto de conflitos. Ao neutralizar seus oponentes de forma inteligente e construtiva, você evita desgastes desnecessários e protege seus interesses, ao mesmo tempo em que fortalece sua posição e abre portas para novas oportunidades. Estudos em comportamento humano e resolução de conflitos demonstram que compreender as motivações alheias e adotar abordagens diplomáticas são métodos eficazes para transformar adversários em aliados e promover o crescimento mútuo.

Ao lidar com a oposição de maneira estratégica, você reduz atritos, protege sua reputação e demonstra autoconfiança e resiliência. Métodos como a análise das intenções e vulnerabilidades de seus oponentes, o uso do diálogo e a adoção de estratégias criativas, como o humor ou a criação de alianças, ampliam sua capacidade de influenciar e conduzir situações desafiadoras. Mais do que evitar confrontos, essa abordagem promove paz interior e bem-estar emocional, criando um ciclo virtuoso de estabilidade e progresso.

Vantagens Pessoais:

Redução de conflitos: Desarmar a oposição ajuda a evitar conflitos desnecessários, preservando sua energia e protegendo sua reputação.

Proteção contra ataques: Neutralizar seus oponentes impede que eles prejudiquem seus interesses ou sabote seus planos.

Criação de oportunidades: Transformar inimigos em aliados abre portas para novas oportunidades de colaboração e crescimento.

Fortalecimento da posição: Demonstrar capacidade de lidar com a oposição fortalece sua posição e aumenta sua influência.

Aumento da autoconfiança: Superar desafios e neutralizar oponentes aumenta sua autoconfiança e resiliência.

Promoção da paz interior: Lidar com a oposição de forma construtiva contribui para sua paz interior e bem-estar emocional.

Métodos de Aplicação:

1. Compreenda seus oponentes:

Identifique suas motivações: Procure entender as razões por trás da oposição. O que os motiva a se opor a você? Quais são seus interesses e objetivos?

Analise seus pontos fortes e fracos: Avalie as forças e fraquezas de seus oponentes para identificar suas vulnerabilidades e desenvolver estratégias eficazes para neutralizá-los.

Construa empatia: Tente se colocar no lugar de seus oponentes e compreender suas perspectivas, mesmo que discorde delas.

2. Utilize a diplomacia e a negociação:

Busque o diálogo: Abra um canal de comunicação com seus oponentes e tente resolver as divergências de forma pacífica e construtiva.

Esteja aberto a concessões: Esteja disposto a ceder em alguns pontos para chegar a um acordo que seja aceitável para ambas as partes.

Encontre pontos em comum: Concentre-se nos interesses comuns e busque soluções que beneficiem a todos.

3. Neutralize a oposição com estratégias criativas:

Utilize o humor: O humor pode ser uma arma poderosa para desarmar a oposição e criar um clima mais leve e receptivo.

Mude o jogo: Se a estratégia atual não estiver funcionando, mude o jogo e surpreenda seus oponentes com uma abordagem inesperada.

Crie alianças: Busque o apoio de outras pessoas para fortalecer sua posição e isolar seus oponentes.

4. Transforme inimigos em aliados:

Demonstre respeito: Mesmo discordando de seus oponentes, trate-os com respeito e dignidade.

Encontre áreas de cooperação: Identifique áreas em que vocês possam colaborar e trabalhar juntos em prol de um objetivo comum.

Construa pontes: Faça pequenos gestos de reconciliação e boa vontade para abrir caminho para uma relação mais positiva.

Guia Passo a Passo para Aplicar a Lei "Desarme Oposição":

1 - Compreenda seus oponentes: Identifique suas motivações, pontos fortes e fracos.

2 - Utilize a diplomacia: Busque o diálogo, esteja aberto a concessões e encontre pontos em comum.

3 - Neutralize a oposição: Utilize o humor, mude o jogo e crie alianças.

4 - Transforme inimigos em aliados: Demonstre respeito, encontre áreas de cooperação e construa pontes.

Ajustes caso o Resultado Esperado não Ocorra:

Se a oposição persistir: Reveja sua estratégia e busque novas formas de neutralizar seus oponentes.

Se você se sentir ameaçado ou intimidado: Busque o apoio de pessoas de confiança ou de autoridades competentes.

Se a situação se tornar insustentável: Afaste-se do ambiente de conflito e busque novas oportunidades.

Exemplos:

Um político que busca o apoio de um rival: Elogia publicamente suas qualidades e propõe uma aliança em torno de um projeto de interesse mútuo.

Um gerente que enfrenta resistência de sua equipe: Organiza uma reunião para ouvir as preocupações de seus colaboradores e buscar soluções conjuntas.

Um estudante que sofre bullying na escola: Conversa com seus pais e professores, busca o apoio de amigos e desenvolve estratégias para lidar com a situação de forma assertiva.

Desarmar a oposição não é apenas uma forma de lidar com desafios, mas um caminho para fortalecer sua posição e construir relacionamentos baseados em respeito e cooperação. Quando você compreende as motivações de seus oponentes e adota uma abordagem diplomática e criativa, transforma conflitos em oportunidades de crescimento. Ao transformar inimigos em aliados, você não apenas minimiza obstáculos, mas também expande sua rede de apoio e consolida uma base sólida para alcançar objetivos mais amplos. Essa lei, quando aplicada com consistência e inteligência, é uma ferramenta poderosa para quem busca exercer influência e alcançar sucesso de forma sustentável.

Lei 14
Construa Redes

Construir redes é uma das habilidades mais impactantes para alcançar o sucesso pessoal e profissional na atualidade. Uma rede forte não apenas conecta você a oportunidades, mas também amplia seu acesso a informações, oferece suporte em momentos críticos e eleva sua visibilidade. Relações autênticas e estratégicas transformam contatos em aliados, promovendo colaboração, crescimento e avanço em qualquer área de atuação.

As redes não são apenas um mecanismo de troca, mas um ativo que multiplica seu alcance e influência. Ao identificar pessoas-chave, construir laços genuínos e fortalecer conexões, você cria uma base de apoio que inspira confiança e estimula o progresso. Com o tempo, essa abordagem amplia sua autoconfiança e reforça sua capacidade de alcançar metas de forma mais eficaz e estratégica.

Vantagens Pessoais:

Expansão de oportunidades: Uma rede forte abre portas para novas oportunidades de negócios, emprego, parcerias e colaborações.

Acesso a informações: Sua rede pode lhe fornecer informações valiosas sobre tendências de mercado, concorrentes, potenciais clientes e outras informações relevantes para seu sucesso.

Suporte e colaboração: Uma rede diversificada oferece suporte em diversas áreas, como mentoria, conselhos, feedback e ajuda em momentos de dificuldade.

Aumento da visibilidade: Sua rede pode ajudar a aumentar sua visibilidade e reconhecimento em seu campo de atuação.

Desenvolvimento pessoal e profissional: Interagir com pessoas de diferentes origens e experiências promove o crescimento pessoal e profissional.

Aumento da autoconfiança: Construir uma rede forte aumenta sua autoconfiança e sua crença em sua capacidade de alcançar seus objetivos.

Métodos de Aplicação:

1. Identifique pessoas chave:

Mapeie sua rede atual: Comece identificando as pessoas que já fazem parte da sua rede e analise seus pontos fortes e fracos.

Defina seus alvos: Determine quem são as pessoas que você deseja incluir em sua rede, considerando seus objetivos e necessidades.

Participe de eventos estratégicos: Frequente eventos e conferências relevantes para seu campo de atuação, onde você pode conhecer pessoas influentes e fazer novos contatos.

2. Construa relacionamentos autênticos:

Seja genuíno e interessado: Demonstre interesse genuíno pelas pessoas, suas histórias e seus objetivos.

Ofereça ajuda e suporte: Esteja disposto a ajudar os outros, compartilhando seus conhecimentos, recursos e contatos.

Mantenha contato regular: Mantenha contato com as pessoas da sua rede, mesmo que não haja uma necessidade imediata.

3. Fortaleça seus laços:

Crie conexões emocionais: Compartilhe experiências pessoais, demonstre vulnerabilidade e construa laços emocionais com as pessoas da sua rede.

Encontre interesses em comum: Identifique interesses em comum com as pessoas da sua rede e promova atividades que fortaleçam esses laços.

Seja um bom ouvinte: Preste atenção ao que as pessoas têm a dizer e demonstre empatia e compreensão.

4. Utilize sua rede de forma estratégica:

Peça ajuda quando necessário: Não tenha medo de pedir ajuda às pessoas da sua rede quando precisar de suporte ou orientação.

Faça conexões entre pessoas: Conecte pessoas da sua rede que possam se beneficiar mutuamente, criando um ciclo virtuoso de colaboração.

Retribua a generosidade: Esteja sempre disposto a retribuir a ajuda que receber, mantendo o equilíbrio nas relações e fortalecendo sua reputação.

Guia Passo a Passo para Aplicar a Lei "Construa Redes":

1 - Identifique pessoas chave: Mapeie sua rede atual, defina seus alvos e participe de eventos estratégicos.

2 - Construa relacionamentos autênticos: Seja genuíno, interessado e ofereça ajuda.

3 - Fortaleça seus laços: Crie conexões emocionais, encontre interesses em comum e seja um bom ouvinte.

4 - Utilize sua rede de forma estratégica: Peça ajuda, faça conexões e retribua a generosidade.

Ajustes caso o Resultado Esperado não Ocorra:

Se você tiver dificuldade em fazer novos contatos: Pratique suas habilidades sociais, prepare um "elevator pitch" conciso e eficaz, e busque oportunidades para interagir com pessoas novas.

Se seus relacionamentos forem superficiais: Invista tempo e energia em cultivar seus laços, compartilhando experiências pessoais e demonstrando interesse genuíno pelas pessoas.

Se você não estiver obtendo os benefícios esperados da sua rede: Reveja sua estratégia de networking, identifique pessoas mais relevantes para seus objetivos e concentre-se em construir relacionamentos mais fortes e estratégicos.

Exemplos:

Um profissional que busca uma nova oportunidade de emprego: Contata pessoas da sua rede para pedir indicações, participa de eventos de networking e utiliza o LinkedIn para se conectar com profissionais da sua área.

Um empreendedor que busca investidores para seu negócio: Apresenta seu projeto para pessoas influentes da sua rede, busca mentoria de empreendedores experientes e participa de eventos de startups.

Um artista que deseja divulgar seu trabalho: Compartilha suas criações com pessoas influentes nas redes sociais, organiza exposições e busca parcerias com galerias e curadores.

Construir redes é uma arte que requer tempo, dedicação e habilidade. Ao identificar pessoas chave, cultivar relacionamentos autênticos e utilizar sua rede de forma estratégica, você cria um círculo virtuoso de conexões que impulsiona seu crescimento pessoal e profissional. Lembre-se, o sucesso não é um jogo individual. Construa uma rede forte e colherá os frutos da colaboração, do apoio mútuo e das infinitas possibilidades que surgem quando pessoas se unem em torno de objetivos comuns.

Lei 15
Domine Informação

Dominar a informação é uma habilidade indispensável para alcançar objetivos e prosperar em um ambiente competitivo. Informações precisas e relevantes fortalecem a tomada de decisão, antecipam tendências e revelam oportunidades que de outra forma passariam despercebidas. Além disso, compreender e organizar dados de maneira estratégica melhora a comunicação, aumenta a credibilidade e promove o crescimento pessoal e profissional.

O acesso à informação é apenas o primeiro passo; o verdadeiro poder reside na capacidade de analisá-la, interpretá-la e utilizá-la de forma eficaz. Quando bem gerenciada, a informação se torna uma vantagem estratégica que impulsiona o sucesso em qualquer campo de atuação. Essa prática promove não apenas o desenvolvimento individual, mas também contribui para a construção de um ambiente mais informado, confiável e produtivo.

Vantagens Pessoais:

Tomada de decisão mais eficaz: A informação acurada e relevante permite que você tome decisões mais informadas, minimizando riscos e aumentando suas chances de sucesso.

Antecipação de tendências: Dominar a informação permite que você identifique tendências emergentes e se prepare para o futuro, garantindo sua relevância e competitividade.

Identificação de oportunidades: A informação é a chave para descobrir novas oportunidades de negócios, investimento, parcerias e crescimento.

Melhoria da comunicação: Dominar a informação permite que você se comunique com mais clareza, precisão e persuasão.

Aumento da credibilidade: Ser uma fonte confiável de informações aumenta sua credibilidade e influência em seu campo de atuação.

Crescimento pessoal e profissional: A busca constante por conhecimento e informação promove o crescimento pessoal e profissional, abrindo caminho para o sucesso.

Métodos de Aplicação:

1. Desenvolva habilidades de pesquisa:

Fontes confiáveis: Aprenda a identificar fontes confiáveis de informação, como publicações acadêmicas, sites de notícias reputados e especialistas reconhecidos.

Técnicas de pesquisa: Domine técnicas de pesquisa eficazes, como o uso de palavras-chave, filtros de busca e ferramentas de monitoramento de mídias sociais.

Pensamento crítico: Desenvolva seu pensamento crítico para avaliar a validade e a relevância das informações que você encontra.

2. Domine a arte da análise:

Organização da informação: Organize as informações que você coleta de forma clara e estruturada, utilizando ferramentas como mapas mentais, gráficos e tabelas.

Identificação de padrões: Procure por padrões e tendências nas informações que você analisa, extraindo insights e conclusões relevantes.

Interpretação e síntese: Interpreta os dados e sintetize as informações em conclusões claras e concisas, que possam ser utilizadas para a tomada de decisão.

3. Gerencie o conhecimento:

Crie um sistema de organização: Organize seus arquivos, anotações e outros materiais de forma eficiente, para que você possa acessá-los facilmente quando precisar.

Compartilhe conhecimento: Compartilhe informações e conhecimentos com outras pessoas, contribuindo para o aprendizado coletivo e fortalecendo sua rede de contatos.

Atualize-se constantemente: Mantenha-se atualizado sobre as últimas notícias, tendências e desenvolvimentos em sua área de atuação.

4. Proteja a informação:

Segurança da informação: Proteja suas informações confidenciais contra acesso não autorizado, utilizando senhas fortes, criptografia e outras medidas de segurança.

Privacidade: Respeite a privacidade das pessoas e não compartilhe informações confidenciais sem autorização.

Verificação de fatos: Verifique a veracidade das informações antes de compartilhá-las, evitando a propagação de fake news e desinformação.

Guia Passo a Passo para Aplicar a Lei "Domine Informação":

1 - Desenvolva habilidades de pesquisa: Busque fontes confiáveis, domine técnicas de pesquisa e desenvolva seu pensamento crítico.

2 - Domine a arte da análise: Organize a informação, identifique padrões e interprete os dados.

3 - Gerencie o conhecimento: Crie um sistema de organização, compartilhe conhecimento e atualize-se constantemente.

4 - Proteja a informação: Garanta a segurança da informação, respeite a privacidade e verifique os fatos.

Ajustes caso o Resultado Esperado não Ocorra:

Se você tiver dificuldade em encontrar informações relevantes: Redefina suas estratégias de pesquisa, busque fontes alternativas e utilize ferramentas de monitoramento mais avançadas.

Se você se sentir sobrecarregado pela quantidade de informações: Utilize ferramentas de filtragem e priorização, concentre-se nas informações mais importantes e aprenda a delegar tarefas de pesquisa.

Se você tiver dificuldade em interpretar os dados: Busque o auxílio de especialistas, utilize ferramentas de visualização de dados e aprimore suas habilidades analíticas.

Exemplos:

Um investidor que busca oportunidades no mercado financeiro: Analisa dados econômicos, acompanha as notícias do mercado e monitora o desempenho de empresas.

Um cientista que desenvolve uma nova pesquisa: Realiza uma revisão bibliográfica completa, coleta dados experimentais e analisa os resultados com rigor científico.

Um jornalista que escreve uma reportagem investigativa: Coleta informações de diversas fontes, entrevista pessoas chave e verifica os fatos com cuidado.

Dominar a informação é uma habilidade essencial para o sucesso em um mundo cada vez mais complexo e dinâmico. Ao desenvolver habilidades de pesquisa, análise crítica e gestão do conhecimento, você se torna um tomador de decisão mais eficaz, um profissional mais competitivo e um indivíduo mais informado e consciente. Lembre-se, a informação é poder. Domine-a e use-a a seu favor.

Lei 16
Crie Urgência

Criar urgência é uma estratégia poderosa para acelerar decisões, mobilizar pessoas e alcançar resultados em um ambiente cada vez mais dinâmico e competitivo. Ao utilizar gatilhos psicológicos como escassez, prova social e medo da perda, é possível inspirar ação imediata e evitar a procrastinação. Essa habilidade é essencial para liderar com eficiência, gerenciar crises e maximizar a produtividade em projetos e negociações.

A urgência não é apenas uma ferramenta de pressão, mas um meio eficaz de alinhar objetivos e motivar ações em tempo hábil. Comunicar limites claros, estabelecer prazos específicos e reforçar o valor de agir rapidamente são práticas que fortalecem sua influência e elevam sua capacidade de atingir metas de forma consistente. Quando utilizada de forma ética e com propósito, a urgência transforma desafios em oportunidades concretas.

Vantagens Pessoais:

Aceleração de decisões: A urgência estimula a tomada de decisão, evitando procrastinação e impulsionando a ação.

Aumento da conversão: Em vendas e negociações, a urgência aumenta as taxas de conversão, levando os clientes a fecharem negócios mais rapidamente.

Mobilização de pessoas: A urgência é uma ferramenta poderosa para mobilizar pessoas em torno de uma causa ou objetivo, inspirando ação coletiva e engajamento.

Melhoria da produtividade: Criar urgência em tarefas e projetos aumenta a produtividade, evitando atrasos e garantindo que os prazos sejam cumpridos.

Fortalecimento da liderança: Líderes que sabem criar urgência inspiram ação e motivam suas equipes a alcançar resultados extraordinários.

Gerenciamento de crises: Em situações de crise, a urgência é essencial para tomar decisões rápidas e eficazes, minimizando danos e resolvendo problemas com agilidade.

Métodos de Aplicação:

1. Utilize gatilhos psicológicos:

Escassez: A percepção de escassez cria urgência, pois as pessoas temem perder uma oportunidade única. Exemplos: "vagas limitadas", "oferta por tempo limitado", "edição exclusiva".

Prova social: Mostrar que outras pessoas estão aproveitando a oportunidade cria urgência por meio da influência social. Exemplos: "mais de 1000 pessoas já compraram", "produto mais vendido", "recomendado por especialistas".

Medo da perda: Enfatizar as consequências negativas de não agir rapidamente cria urgência pelo medo da perda. Exemplos: "não perca esta chance", "última oportunidade", "preços vão aumentar".

2. Comunique a urgência de forma eficaz:

Linguagem persuasiva: Utilize palavras e expressões que transmitam urgência, como "agora", "imediatamente", "urgente", "não perca tempo".

Tom de voz: Utilize um tom de voz enérgico e convincente para reforçar a mensagem de urgência.

Comunicação não-verbal: Utilize expressões faciais e linguagem corporal que transmitam entusiasmo e ação.

3. Crie prazos e limites:

Defina prazos claros: Estabeleça prazos específicos para a tomada de decisão ou ação, criando um senso de limite e escassez.

Ofereça bônus por tempo limitado: Incentive a ação imediata oferecendo bônus ou vantagens exclusivas para quem agir dentro do prazo estabelecido.

Crie gatilhos visuais: Utilize cronômetros, contagens regressivas ou outros gatilhos visuais para reforçar a sensação de urgência.

4. Utilize a urgência com ética:

Seja honesto e transparente: Não crie falsa urgência ou utilize táticas manipulativas para pressionar as pessoas.

Ofereça valor real: Garanta que a oportunidade que você está oferecendo é realmente valiosa e relevante para o público.

Respeite os limites das pessoas: Não seja insistente ou agressivo em sua abordagem. Dê às pessoas o tempo e o espaço necessários para tomarem suas decisões.

Guia Passo a Passo para Aplicar a Lei "Crie Urgência":

1 - Defina seu objetivo: Determine o que você deseja alcançar criando urgência (ex: aumentar vendas, acelerar decisões, mobilizar pessoas).

2 - Identifique seu público: Conheça as necessidades, desejos e motivações do seu público-alvo.

3 - Escolha os gatilhos psicológicos adequados: Utilize gatilhos como escassez, prova social e medo da perda para criar urgência.

4 - Comunique a urgência de forma eficaz: Utilize linguagem persuasiva, tom de voz e comunicação não-verbal para reforçar a mensagem.

5 - Crie prazos e limites: Estabeleça prazos claros, ofereça bônus por tempo limitado e utilize gatilhos visuais.

Ajustes caso o Resultado Esperado não Ocorra:

Se a urgência não estiver motivando a ação: Revise sua estratégia, experimente diferentes gatilhos psicológicos e adapte sua comunicação.

Se as pessoas se sentirem pressionadas: Ajuste seu tom de voz e linguagem, garantindo que você não esteja sendo manipulativo ou agressivo.

Se a urgência não for percebida como genuína: Reforce a veracidade da sua mensagem, apresentando provas e evidências que justifiquem a urgência.

Exemplos:

Uma loja online que oferece descontos exclusivos por 24 horas: Cria urgência utilizando o gatilho da escassez e do prazo limitado.

Um líder que convoca uma reunião de emergência para discutir uma crise: Cria urgência pela importância e gravidade da situação.

Um profissional de marketing que utiliza o gatilho da prova social em uma campanha publicitária: Exibe depoimentos de clientes satisfeitos para incentivar a compra do produto.

A criação de urgência, quando aplicada com sabedoria, é uma das estratégias mais eficazes para transformar intenções em ações. Seja para aumentar vendas, liderar equipes ou gerenciar crises, a urgência é uma força que impulsiona resultados rápidos e significativos. Ao incorporar essa prática em sua abordagem, você não apenas inspira agilidade, mas também fortalece sua posição como líder eficaz e estrategista hábil, capaz de mobilizar recursos e alcançar objetivos com precisão e propósito.

Lei 17
Negocie Maestria

A arte da negociação é uma das habilidades mais poderosas que uma pessoa pode desenvolver ao longo da vida. Em um mundo movido por interações sociais e interesses diversos, saber negociar com maestria não é apenas uma vantagem, mas uma necessidade para alcançar sucesso em múltiplas esferas. Desde o profissional que busca um salário mais justo até o diplomata que negocia tratados de paz, a habilidade de compreender o outro lado, apresentar argumentos persuasivos e encontrar soluções mutuamente benéficas é o que diferencia um negociador eficaz de um amador.

Negociar não é apenas sobre ganhar, mas sobre construir. Os resultados mais impactantes vêm de negociações que fortalecem relações, criam confiança e abrem portas para futuras colaborações. Cada etapa, desde a preparação cuidadosa até o fechamento do acordo, exige uma combinação de habilidades práticas, como pesquisa e estratégia, e qualidades interpessoais, como empatia e comunicação clara.

Além disso, a negociação é uma poderosa ferramenta para resolver conflitos de forma construtiva. Ela transforma disputas em oportunidades de cooperação e permite que diferentes partes encontrem caminhos comuns. O processo, quando bem conduzido, também serve como uma plataforma para ampliar a influência, demonstrar liderança e gerar valor, tanto individual quanto coletivo.

Portanto, dominar a negociação não é apenas sobre alcançar melhores acordos; é sobre evoluir pessoal e profissionalmente. É sobre ser estratégico, persuasivo e empático ao mesmo tempo. Quando você assume o controle de suas interações com os outros e se torna um negociador de excelência, você desbloqueia um mundo de possibilidades, onde resultados positivos e relacionamentos duradouros coexistem harmoniosamente.

Vantagens Pessoais:

Melhores resultados: Negociar com maestria permite que você obtenha resultados mais favoráveis em qualquer situação, seja na vida profissional, pessoal ou social.

Construção de relacionamentos: Negociações bem-sucedidas fortalecem os relacionamentos, criando laços de confiança e cooperação.

Resolução de conflitos: A negociação é uma ferramenta poderosa para resolver conflitos de forma construtiva, encontrando soluções que atendam aos interesses de todas as partes.

Aumento da influência: Negociadores habilidosos exercem maior influência sobre os outros, persuadindo e motivando pessoas a aceitar suas ideias e propostas.

Desenvolvimento pessoal e profissional: Dominar a arte da negociação é uma habilidade valiosa que impulsiona o crescimento pessoal e profissional.

Criação de valor: Negociações eficazes criam valor para todas as partes envolvidas, gerando resultados positivos e benefícios mútuos.

Métodos de Aplicação:

1. Prepare-se para a negociação:

Defina seus objetivos: Tenha clareza sobre seus objetivos e o que você deseja alcançar na negociação.

Conheça a outra parte: Pesquise sobre a outra parte envolvida, seus interesses, necessidades e estilo de negociação.

Desenvolva uma estratégia: Planeje sua abordagem, antecipando possíveis objeções e desenvolvendo argumentos persuasivos.

2. Construa rapport:

Estabeleça conexão: Crie uma conexão genuína com a outra parte, demonstrando empatia, respeito e interesse em seus objetivos.

Comunique-se com clareza: Expresse suas ideias de forma clara, concisa e persuasiva, utilizando uma linguagem que a outra parte compreenda.

Ouça ativamente: Preste atenção ao que a outra parte tem a dizer, fazendo perguntas e demonstrando que você valoriza suas opiniões.

3. Domine as técnicas de persuasão:

Apresente provas e evidências: Apóie seus argumentos com dados, estatísticas, exemplos e depoimentos que demonstrem o valor da sua proposta.

Utilize o storytelling: Contar histórias envolventes que se conectem com as emoções da outra parte pode ser uma forma poderosa de persuasão.

Apelo à reciprocidade: Faça pequenas concessões para incentivar a outra parte a ceder em seus próprios pontos.

4. Lide com objeções de forma eficaz:

Ouça as objeções com atenção: Não interrompa a outra parte e procure compreender as razões por trás de suas objeções.

Responda com empatia: Reconheça as preocupações da outra parte e demonstre que você entende seu ponto de vista.

Ofereça soluções alternativas: Esteja preparado para oferecer soluções alternativas que atendam às necessidades da outra parte e que sejam vantajosas para você.

5. Finalize a negociação com maestria:

Formalize o acordo: Documente os termos do acordo de forma clara e concisa, para evitar mal-entendidos no futuro.

Celebre o sucesso: Reconheça o esforço de todas as partes envolvidas e celebre o acordo alcançado.

Mantenha o relacionamento: Continue cultivando o relacionamento com a outra parte após a negociação, criando uma base sólida para futuras interações.

Guia Passo a Passo para Aplicar a Lei "Negocie Maestria":

1 - Prepare-se para a negociação: Defina seus objetivos, conheça a outra parte e desenvolva uma estratégia.

2 - Construa rapport: Estabeleça conexão, comunique-se com clareza e ouça ativamente.

3 - Domine as técnicas de persuasão: Apresente provas, utilize o storytelling e apele à reciprocidade.

4 - Lide com objeções: Ouça com atenção, responda com empatia e ofereça soluções alternativas.

5 - Finalize com maestria: Formalize o acordo, celebre o sucesso e mantenha o relacionamento.

Ajustes caso o Resultado Esperado não Ocorra:

Se você não conseguir chegar a um acordo: Reveja sua estratégia, busque novas informações e esteja disposto a fazer mais concessões.

Se você se sentir pressionado ou intimidado: Mantenha a calma, afirme seus interesses com firmeza e não hesite em se retirar da negociação se necessário.

Se o acordo não for cumprido: Documente as violações do acordo e busque meios legais para fazer valer seus direitos.

Exemplos:

Um profissional que negocia um aumento de salário: Apresenta seus resultados e demonstra seu valor para a empresa, argumentando de forma persuasiva e buscando um acordo que seja vantajoso para ambas as partes.

Um casal que negocia a divisão de tarefas domésticas: Discute abertamente suas necessidades e expectativas, buscando uma solução justa e equilibrada que satisfaça ambos.

Um diplomata que negocia um tratado de paz entre dois países: Utiliza a diplomacia e a persuasão para construir pontes de entendimento e alcançar um acordo que promova a paz e a cooperação.

Negociar com maestria é uma jornada que combina preparação, comunicação estratégica e a habilidade de lidar com desafios de maneira construtiva. Cada negociação bem-sucedida representa não apenas um passo em direção aos seus objetivos, mas também uma oportunidade de fortalecer relacionamentos e consolidar sua reputação como alguém confiável e influente.

Lembre-se de que a negociação não se encerra com a formalização de um acordo; ela continua na manutenção das relações construídas. Ao celebrar os resultados alcançados e cultivar a conexão com a outra parte, você cria uma base sólida para futuras colaborações e oportunidades.

Dominar a arte da negociação não é um destino final, mas um processo contínuo de aprendizado e adaptação. Com prática, persistência e um enfoque em gerar valor para todas as partes, você não apenas conquistará resultados superiores, mas também se tornará um agente de mudança, capaz de influenciar positivamente as pessoas e o ambiente ao seu redor. Que cada interação seja uma chance de mostrar sua maestria e criar um impacto duradouro.

Lei 18
Lidere Mudanças

Liderar mudanças é uma habilidade essencial para quem deseja se destacar em um mundo em constante transformação. Em um cenário onde a adaptabilidade é a chave para a sobrevivência, aqueles que conseguem enxergar as mudanças como oportunidades e não como ameaças têm uma vantagem competitiva significativa. Liderar a mudança vai além de simplesmente se ajustar às novas condições; é sobre influenciar pessoas, motivá-las a se adaptarem e orientar organizações para alcançar resultados superiores em meio à incerteza.

Ao liderar mudanças, você desenvolve atributos como resiliência, criatividade e autoconfiança, enquanto cria um impacto positivo no ambiente ao seu redor. Este processo permite explorar o potencial oculto em pessoas e sistemas, impulsionando a inovação e promovendo o crescimento. Contudo, a resistência à mudança é um desafio natural, fruto de inseguranças, medos ou até mesmo falta de visão. O verdadeiro líder é aquele que, com empatia e estratégia, consegue superar essas barreiras, inspirando confiança e estabelecendo um caminho claro para o futuro.

Cada etapa do processo de mudança requer habilidades específicas: desde adotar uma mentalidade aberta e positiva até comunicar de forma eficaz os benefícios das transformações. A liderança pelo exemplo é especialmente poderosa, pois demonstra comprometimento e encoraja os outros a seguirem o mesmo caminho.

Liderar mudanças não apenas transforma organizações, mas também fortalece sua capacidade de navegar por desafios pessoais. É uma jornada de aprendizado contínuo, onde os frutos colhidos são tanto os resultados concretos quanto o crescimento pessoal e coletivo gerado ao longo do caminho.

Vantagens Pessoais:

Adaptabilidade e resiliência: Liderar mudanças desenvolve sua adaptabilidade e resiliência, permitindo que você navegue por ambientes complexos e incertos com mais confiança e flexibilidade.

Crescimento e inovação: Mudanças impulsionam o crescimento e a inovação, abrindo espaço para novas ideias, processos e soluções.

Oportunidades: Mudanças criam novas oportunidades para aqueles que estão preparados para abraçá-las e liderá-las.

Influência e liderança: Liderar mudanças fortalece sua liderança, inspirando e motivando pessoas a seguir sua visão e a se adaptar às novas realidades.

Melhoria da performance: A adaptação às mudanças pode levar a uma melhoria significativa na performance individual e organizacional.

Fortalecimento da autoconfiança: Superar os desafios da mudança aumenta sua autoconfiança e sua crença em sua capacidade de lidar com a adversidade.

Métodos de Aplicação:

1. Abrace a mudança:

Mude sua mentalidade: Cultive uma mentalidade aberta e positiva em relação às mudanças, enxergando-as como oportunidades de crescimento e aprimoramento.

Adapte-se com agilidade: Desenvolva sua capacidade de adaptação, aprendendo a ajustar seus planos e estratégias conforme as circunstâncias mudam.

Saia da sua zona de conforto: Esteja disposto a experimentar coisas novas, desafiar suas crenças e explorar territórios desconhecidos.

2. Inspire e motive pessoas:

Comunique a visão: Compartilhe sua visão de futuro e explique como as mudanças propostas contribuirão para alcançar essa visão.

Conecte-se com as emoções: Apresente os benefícios das mudanças de forma clara e convincente, conectando-se com as emoções e aspirações das pessoas.

Lidere pelo exemplo: Demonstre seu próprio compromisso com a mudança, adaptando-se com entusiasmo e positividade.

3. Supere a resistência:

Identifique as causas da resistência: Compreenda as razões pelas quais as pessoas resistem às mudanças, sejam elas medo do desconhecido, insegurança ou apego ao passado.

Comunique-se abertamente: Crie um ambiente de diálogo aberto e honesto, onde as pessoas possam expressar suas preocupações e dúvidas.

Ofereça suporte e treinamento: Forneça o suporte e o treinamento necessários para que as pessoas se sintam confortáveis e preparadas para lidar com as mudanças.

4. Gerencie o processo de mudança:

Defina metas e objetivos claros: Estabeleça metas e objetivos claros para o processo de mudança, garantindo que todos estejam alinhados com a direção desejada.

Implemente as mudanças de forma gradual: Implemente as mudanças de forma gradual e estruturada, permitindo que as pessoas se adaptem ao novo ritmo e às novas rotinas.

Monitore o progresso e faça ajustes: Acompanhe o progresso do processo de mudança, avaliando os resultados e fazendo os ajustes necessários ao longo do caminho.

Guia Passo a Passo para Aplicar a Lei "Lidere Mudanças":

1 - Abrace a mudança: Mude sua mentalidade, adapte-se com agilidade e saia da sua zona de conforto.

2 - Inspire pessoas: Comunique a visão, conecte-se com as emoções e lidere pelo exemplo.

3 - Supere a resistência: Identifique as causas, comunique-se abertamente e ofereça suporte.

4 - Gerencie o processo: Defina metas claras, implemente mudanças graduais e monitore o progresso.

Ajustes caso o Resultado Esperado não Ocorra:

Se a resistência à mudança for muito forte: Reforce a comunicação, promova o diálogo e busque o apoio de líderes informais para influenciar o grupo.

Se o processo de mudança estiver muito lento: Acelere a implementação das mudanças, mas sem comprometer a qualidade e a adaptação das pessoas.

Se os resultados não forem os esperados: Revise as metas, ajuste as estratégias e busque novas formas de motivar e engajar as pessoas.

Exemplos:

Um CEO que lidera a transformação digital de sua empresa: Implementa novas tecnologias, investe em treinamento e motiva seus colaboradores a abraçar a nova cultura digital.

Um professor que adota novas metodologias de ensino: Apresenta as vantagens da nova abordagem, oferece suporte aos alunos e adapta seu plano de aulas para atender às necessidades da turma.

Um líder comunitário que mobiliza seus vizinhos para um projeto de revitalização do bairro: Compartilha sua visão de um bairro mais bonito e seguro, organiza reuniões e incentiva a participação de todos.

Liderar mudanças é mais do que adaptar-se a um novo cenário; é influenciar, inspirar e conduzir os outros para um futuro mais promissor. Este processo exige coragem, visão e empatia, mas oferece recompensas inestimáveis para aqueles que se comprometem com ele.

Ao superar resistências, comunicar com clareza e implementar mudanças gradualmente, você não apenas facilita a transição, mas também estabelece um ambiente de confiança e colaboração. Lembre-se de que cada desafio enfrentado no caminho é uma oportunidade de crescimento e fortalecimento, tanto para você quanto para os que o acompanham.

Mudanças são inevitáveis, mas a maneira como você as lidera determina o impacto que elas terão no seu entorno. Aproveite cada oportunidade para liderar com propósito e integridade, criando um legado de inovação e resiliência. Com determinação e habilidade, você será capaz de transformar incertezas em possibilidades e construir um futuro alinhado à sua visão e às aspirações daqueles ao seu redor.

Lei 19
Construa Alianças

Construir alianças é uma estratégia essencial para alcançar objetivos ambiciosos e enfrentar os desafios de um ambiente competitivo e em constante transformação. Desde parcerias empresariais até colaborações entre nações, as alianças são instrumentos poderosos para amplificar recursos, compartilhar responsabilidades e abrir portas para novas oportunidades.

Uma aliança bem-sucedida transcende a simples união de forças; ela cria sinergia, onde o todo é maior que a soma das partes. Por meio de parcerias estratégicas, é possível acessar mercados inexplorados, acelerar o crescimento e inovar de forma significativa. Além disso, as alianças permitem dividir riscos, proporcionando mais segurança e resiliência em empreendimentos complexos. Contudo, o sucesso nesse processo depende de identificar os parceiros certos, cultivar confiança e gerenciar a colaboração de forma eficaz.

No entanto, construir alianças vai além de questões técnicas ou operacionais. Requer uma visão compartilhada, valores alinhados e uma comunicação aberta e transparente. A confiança é a pedra angular de qualquer parceria duradoura, e é construída por meio de ações consistentes, cumprimento de compromissos e um esforço contínuo para fortalecer os laços pessoais e profissionais.

Dominar a arte de formar alianças é uma habilidade que transforma não apenas a trajetória de um projeto ou organização, mas também o crescimento individual. Saber unir esforços com outros, aproveitando os pontos fortes de cada parte, permite enfrentar adversidades de maneira estratégica e eficaz. Em um mundo onde ninguém vence sozinho, as alianças são o caminho para conquistas sustentáveis e de impacto duradouro.

Vantagens Pessoais:

Ampliação de recursos: Alianças permitem que você acesse recursos que não estariam disponíveis de outra forma, como tecnologia, capital, expertise e redes de contato.

Expansão de mercado: Alianças estratégicas podem abrir portas para novos mercados, aumentando seu alcance e sua base de clientes.

Redução de riscos: Compartilhar riscos com parceiros reduz sua exposição a perdas e aumenta suas chances de sucesso em empreendimentos arriscados.

Aumento da competitividade: Alianças fortalecem sua posição competitiva no mercado, permitindo que você enfrente concorrentes maiores e mais poderosos.

Aceleração do crescimento: Alianças podem acelerar seu crescimento, permitindo que você alcance seus objetivos de forma mais rápida e eficiente.

Inovação: A colaboração com parceiros promove a inovação, gerando novas ideias, produtos e serviços.

Métodos de Aplicação:

1. Identifique parceiros ideais:

Defina suas necessidades: Analise seus pontos fortes e fracos, identificando as áreas em que você precisa de complementação e suporte.

Busque complementaridade: Procure por parceiros que tenham habilidades, recursos e experiências que complementem os seus.

Compartilhe valores: Escolha parceiros que compartilhem seus valores e sua visão de futuro.

2. Negocie acordos mutuamente vantajosos:

Defina claramente os termos: Estabeleça claramente os termos da aliança, incluindo objetivos, responsabilidades, recursos compartilhados e divisão de benefícios.

Seja flexível e aberto a concessões: Esteja disposto a negociar e fazer concessões para chegar a um acordo que seja justo e benéfico para todas as partes.

Formalize o acordo: Documente os termos da aliança em um contrato formal, para garantir a segurança e o cumprimento dos compromissos.

3. Cultive a confiança:

Comunique-se abertamente e com transparência: Mantenha uma comunicação aberta e honesta com seus parceiros, compartilhando informações relevantes e mantendo-os atualizados sobre o progresso da aliança.

Cumpra seus compromissos: Seja confiável e cumpra seus compromissos com seus parceiros, demonstrando integridade e responsabilidade.

Construa relacionamentos pessoais: Invista tempo em conhecer seus parceiros em um nível pessoal, criando laços de amizade e confiança.

4. Gerencie a aliança de forma eficaz:

Defina metas e objetivos comuns: Estabeleça metas e objetivos claros para a aliança, garantindo que todos os parceiros estejam alinhados e trabalhando em conjunto para alcançá-los.

Monitore o progresso e os resultados: Acompanhe o progresso da aliança, avaliando os resultados e fazendo os ajustes necessários para garantir o sucesso.

Celebre os sucessos e aprenda com os erros: Reconheça e celebre os sucessos da aliança, e use os erros como oportunidades de aprendizado e aprimoramento.

Guia Passo a Passo para Aplicar a Lei "Construa Alianças":

1 - Identifique parceiros ideais: Defina suas necessidades, busque complementaridade e compartilhe valores.

2 - Negocie acordos mutuamente vantajosos: Defina os termos, seja flexível e formalize o acordo.

3 - Cultive a confiança: Comunique-se abertamente, cumpra seus compromissos e construa relacionamentos pessoais.

4 - Gerencie a aliança: Defina metas comuns, monitore o progresso e celebre os sucessos.

Ajustes caso o Resultado Esperado não Ocorra:

Se você tiver dificuldade em encontrar parceiros adequados: Amplie sua rede de contatos, participe de eventos do setor e busque a ajuda de consultores especializados em alianças estratégicas.

Se a aliança não estiver gerando os resultados esperados: Revise os termos do acordo, renegocie as responsabilidades e busque soluções para os problemas que estiverem impedindo o sucesso da parceria.

Se houver conflitos ou falta de confiança entre os parceiros: Promova o diálogo, busque a mediação de um terceiro e reforce a importância da comunicação transparente e do cumprimento dos compromissos.

Exemplos:

Duas empresas que se unem para desenvolver um novo produto: Compartilham seus conhecimentos tecnológicos, investem em pesquisa e desenvolvimento e lançam o produto em conjunto, dividindo os custos e os lucros.

Um profissional liberal que se associa a outros profissionais para formar uma clínica multidisciplinar: Compartilham o espaço físico, os custos operacionais e a base de clientes, oferecendo um serviço mais completo e atraindo um público maior.

Dois países que formam uma aliança militar para se proteger de um inimigo comum: Compartilham seus recursos militares, desenvolvem estratégias conjuntas e se apoiam mutuamente em caso de conflito.

As alianças são um pilar fundamental para o sucesso em qualquer empreendimento, permitindo que você alcance resultados que seriam impossíveis de alcançar sozinho. A combinação de recursos, experiências e visões diferentes cria um ambiente propício para inovação, crescimento acelerado e competitividade no mercado.

Mas, como qualquer relacionamento, as alianças exigem dedicação, confiança e habilidade para prosperar. Desde a escolha criteriosa dos parceiros até a celebração conjunta dos sucessos, cada etapa do processo deve ser guiada por transparência, comprometimento e um alinhamento claro de objetivos.

Ao cultivar alianças estratégicas, você não apenas expande suas capacidades, mas também fortalece sua rede de apoio e abre novas possibilidades de colaboração e aprendizado. Lembre-se: construir alianças não é apenas sobre atingir metas imediatas, mas sobre estabelecer conexões que possam gerar frutos por muitos anos. Com foco, estratégia e empatia, você será capaz de transformar cada parceria em um caminho para o sucesso mútuo.

Lei 20
Gerencie Tempo

O gerenciamento eficaz do tempo é uma das competências mais valiosas que qualquer pessoa pode adquirir. Em um mundo onde as demandas parecem crescer continuamente, saber como organizar e priorizar suas atividades pode ser a diferença entre o sucesso e o fracasso, entre o equilíbrio e o esgotamento. Quando você domina a arte de gerenciar seu tempo, não apenas aumenta sua produtividade, mas também melhora sua qualidade de vida, reduz o estresse e cria espaço para se dedicar às coisas que realmente importam.

O tempo é um recurso finito, e cada minuto desperdiçado é uma oportunidade perdida de se aproximar dos seus objetivos. Planejar sua rotina, eliminar distrações e otimizar suas atividades são passos essenciais para garantir que você utilize esse recurso de maneira inteligente e estratégica. Ao implementar práticas como o uso de ferramentas de organização, a delegação de tarefas e a adoção de hábitos saudáveis, você pode transformar sua rotina e alcançar níveis de desempenho que antes pareciam inatingíveis.

Mais do que uma questão de produtividade, o gerenciamento do tempo é sobre autodisciplina e clareza de propósito. Ele exige uma análise honesta de suas prioridades e um compromisso de alinhar suas ações com o que realmente importa. Seja para um estudante se preparando para um grande exame, um profissional buscando crescer em sua carreira ou uma pessoa simplesmente tentando equilibrar trabalho e vida pessoal, a gestão do tempo é uma habilidade que beneficia a todos, independentemente da área de atuação.

Vantagens Pessoais:

Aumento da produtividade: Gerenciar o tempo de forma eficaz permite que você faça mais coisas em menos tempo, aumentando sua produtividade e eficiência.

Redução do estresse: Organizar suas tarefas e priorizar suas atividades reduz o estresse e a ansiedade, permitindo que você se concentre no que é realmente importante.

Melhoria da qualidade de vida: Gerenciar o tempo libera tempo para atividades que você gosta, como passar tempo com a família, se exercitar e se divertir, melhorando sua qualidade de vida e bem-estar.

Alcance de objetivos: Priorizar suas atividades e se concentrar nas tarefas mais importantes aumenta suas chances de alcançar seus objetivos de forma mais rápida e eficiente.

Melhoria da organização: Gerenciar o tempo o ajuda a se tornar mais organizado em todas as áreas da sua vida, desde o trabalho até as tarefas domésticas.

Aumento da autodisciplina: Desenvolver hábitos de gerenciamento de tempo fortalece sua autodisciplina e sua capacidade de se concentrar em suas prioridades.

Métodos de Aplicação:

1. Planeje seu tempo:

Defina metas e objetivos: Comece definindo suas metas e objetivos de curto, médio e longo prazo, para ter clareza sobre onde você quer chegar e como irá utilizar seu tempo para alcançar seus objetivos.

Crie um cronograma: Utilize uma agenda, um aplicativo ou qualquer outra ferramenta que lhe ajude a organizar suas tarefas, compromissos e atividades diárias, semanais e mensais.

Priorize suas tarefas: Utilize métodos como a Matriz de Eisenhower (urgente/importante) para priorizar suas tarefas e se concentrar nas atividades mais importantes e impactantes.

2. Elimine distrações:

Identifique seus ladrões de tempo: Analise sua rotina e identifique as atividades e os hábitos que roubam seu tempo, como redes sociais, e-mails, reuniões desnecessárias e procrastinação.

Crie um ambiente livre de distrações: Organize seu espaço de trabalho, desligue as notificações do celular e reserve tempo para trabalhar em um ambiente calmo e livre de interrupções.

Gerencie suas energias: Programe as tarefas mais desafiadoras para os momentos em que você tem mais energia e concentração, e reserve os períodos de menor energia para atividades mais leves.

3. Otimize sua rotina:

Automatize tarefas: Utilize ferramentas e tecnologias para automatizar tarefas repetitivas, como pagamento de contas, agendamento de posts nas redes sociais e organização de emails.

Delegue tarefas: Se possível, delegue tarefas que não exigem sua atenção direta para outras pessoas, liberando seu tempo para se concentrar em atividades mais estratégicas.

Aprenda a dizer "não": Não tenha medo de dizer "não" a compromissos e solicitações que não se alinham com suas prioridades e objetivos.

4. Cultive hábitos saudáveis:

Durma o suficiente: Uma boa noite de sono é essencial para a concentração, a produtividade e o bem-estar geral.

Alimente-se de forma saudável: Uma alimentação equilibrada fornece a energia e os nutrientes necessários para o bom funcionamento do seu corpo e mente.

Pratique exercícios físicos: A atividade física regular melhora o humor, a concentração e a saúde em geral.

Guia Passo a Passo para Aplicar a Lei "Gerencie Tempo":

1 - Planeje seu tempo: Defina metas, crie um cronograma e priorize tarefas.

2 - Elimine distrações: Identifique ladrões de tempo, crie um ambiente livre de distrações e gerencie suas energias.

3 - Otimize sua rotina: Automatize tarefas, delegue e aprenda a dizer "não".

4 - Cultive hábitos saudáveis: Durma bem, alimente-se bem e faça exercícios.

Ajustes caso o Resultado Esperado não Ocorra:

Se você tiver dificuldade em seguir seu cronograma: Revise seu planejamento, ajuste seus horários e seja mais flexível em sua rotina.

Se você se sentir sobrecarregado: Delegue tarefas, peça ajuda e simplifique sua vida, eliminando compromissos e atividades desnecessárias.

Se você não conseguir se concentrar: Pratique técnicas de concentração, como mindfulness e meditação, e crie um ambiente de trabalho mais propício ao foco.

Exemplos:

Um estudante que se prepara para o vestibular: Cria um cronograma de estudos, elimina distrações como redes sociais e celular, e reserva tempo para o lazer e o descanso.

Um profissional que deseja aumentar sua produtividade no trabalho: Organiza suas tarefas por prioridade, utiliza ferramentas de gerenciamento de tempo e delega tarefas para seus assistentes.

Uma pessoa que deseja ter mais tempo para sua família: Define limites para o trabalho, reserva tempo para atividades em família e se desconecta do celular e do computador durante o tempo livre.

Gerenciar o tempo é uma prática contínua de aprimoramento pessoal e profissional. Quando você dedica atenção a planejar suas tarefas, eliminar distrações e otimizar sua rotina, está investindo em um recurso insubstituível: sua própria vida. Cada minuto bem utilizado representa um passo em direção aos seus objetivos e um fortalecimento do seu bem-estar.

Ao cultivar hábitos saudáveis, como o descanso adequado e a prática de exercícios físicos, você garante a energia e a clareza mental necessárias para enfrentar os desafios diários. Além disso, aprender a dizer "não" a atividades que não agregam valor é um ato de coragem e sabedoria, essencial para manter o foco em suas prioridades.

A jornada para gerenciar o tempo com maestria pode parecer desafiadora no início, mas os resultados são transformadores. Com disciplina, planejamento e uma abordagem proativa, você não apenas aumenta sua produtividade, mas também encontra mais tempo para o que realmente importa: as pessoas, os momentos e os sonhos que dão significado à sua vida. Que cada minuto seja usado com propósito e intenção, e que o gerenciamento do tempo seja sua ferramenta para uma vida mais plena e equilibrada.

Lei 21
Delegue Tarefas

Delegar tarefas é uma das práticas mais poderosas e estratégicas no repertório de um líder eficaz. Em vez de sobrecarregar-se com todas as responsabilidades, a delegação permite que você concentre sua energia em atividades de maior impacto, enquanto desenvolve e motiva sua equipe. Embora muitos vejam a delegação como uma simples redistribuição de tarefas, ela é, na verdade, um reflexo de liderança madura e inteligente, que entende que o sucesso não é construído sozinho, mas por meio de colaborações sólidas.

A habilidade de delegar não apenas amplia sua produtividade pessoal, mas também fortalece a equipe ao seu redor. Ao confiar aos outros responsabilidades significativas, você proporciona oportunidades de aprendizado e crescimento, incentivando a autoconfiança e o engajamento. Além disso, ao delegar tarefas para aqueles que possuem as habilidades certas, você melhora a qualidade dos resultados, aproveitando talentos específicos que talvez você não possua.

Entretanto, a delegação eficaz exige planejamento, clareza e comunicação. Identificar as tarefas adequadas para delegar, selecionar as pessoas certas e oferecer instruções detalhadas são passos cruciais para garantir que a responsabilidade seja compreendida e aceita. Além disso, acompanhar o progresso de forma equilibrada, sem sufocar a autonomia dos envolvidos, é essencial para manter um ambiente de confiança e produtividade.

Delegar não é um sinal de fraqueza, mas de sabedoria. É um reconhecimento de que o sucesso é alcançado quando cada pessoa contribui com o que faz de melhor. Quando bem aplicada, a delegação transforma a dinâmica de trabalho, permitindo que o líder e sua equipe atinjam novos patamares de eficiência, inovação e realização.

Vantagens Pessoais:

Aumento da produtividade: Delegar tarefas libera seu tempo para que você possa se concentrar em atividades mais estratégicas e de maior impacto, aumentando sua produtividade e eficiência.

Redução do estresse: Compartilhar a carga de trabalho reduz o estresse e a ansiedade, permitindo que você tenha uma vida mais equilibrada e saudável.

Desenvolvimento da equipe: Delegar tarefas é uma oportunidade para desenvolver as habilidades e a autoconfiança de sua equipe, preparando-os para assumir responsabilidades maiores no futuro.

Melhoria da qualidade do trabalho: Ao delegar tarefas para pessoas com experiência e habilidades específicas, você pode melhorar a qualidade do trabalho e obter resultados superiores.

Aumento da motivação: Delegar tarefas demonstra confiança em sua equipe, aumentando sua motivação e engajamento.

Fortalecimento da liderança: Delegar tarefas de forma eficaz é um sinal de liderança forte e confiante, que inspira respeito e admiração.

Métodos de Aplicação:

1. Identifique as tarefas certas para delegar:

Analise suas atividades: Faça uma lista de todas as suas tarefas e responsabilidades, identificando aquelas que podem ser delegadas a outras pessoas.

Priorize suas atividades: Concentre-se nas tarefas que exigem suas habilidades e conhecimentos específicos, e delegue as demais.

Considere o tempo e a complexidade: Delegue tarefas que consomem muito tempo ou que são muito complexas para que você possa se dedicar a atividades mais importantes.

2. Escolha as pessoas certas para executar as tarefas:

Avalie as habilidades e experiência: Selecione pessoas que tenham as habilidades e a experiência necessárias para executar as tarefas de forma eficaz.

Considere a disponibilidade e a carga de trabalho: Certifique-se de que as pessoas selecionadas tenham tempo e disponibilidade para se dedicar às tarefas delegadas.

Ofereça oportunidades de desenvolvimento: Delegue tarefas que possam desafiar e desenvolver as habilidades de seus colaboradores.

3. Forneça instruções claras e concisas:

Explique o objetivo da tarefa: Comunique claramente o objetivo da tarefa e sua importância para o projeto ou organização.

Defina as expectativas: Estabeleça claramente as expectativas em relação aos resultados, prazos e qualidade do trabalho.

Forneça os recursos necessários: Certifique-se de que as pessoas tenham acesso aos recursos necessários para completar a tarefa, como informações, ferramentas e materiais.

4. Acompanhe o progresso e ofereça suporte:

Mantenha a comunicação aberta: Mantenha uma comunicação aberta com as pessoas para quem você delegou tarefas, oferecendo suporte e respondendo a dúvidas.

Monitore o progresso sem sufocar: Acompanhe o progresso das tarefas sem microgerenciar ou sufocar a autonomia de seus colaboradores.

Ofereça feedback construtivo: Forneça feedback regular sobre o desempenho das pessoas, reconhecendo seus esforços e oferecendo sugestões para melhoria.

5. Reconheça e celebre os resultados:

Reconheça o bom trabalho: Reconheça publicamente o bom trabalho de seus colaboradores, demonstrando sua gratidão e valorização.

Celebre os sucessos: Celebre os sucessos da equipe, reforçando o espírito de colaboração e motivando a busca por novos desafios.

Crie um ambiente de confiança: Promova um ambiente de trabalho onde as pessoas se sintam confortáveis para assumir riscos, aprender com seus erros e crescer profissionalmente.

Guia Passo a Passo para Aplicar a Lei "Delegue Tarefas":

1 - Identifique as tarefas: Analise suas atividades, priorize-as e identifique aquelas que podem ser delegadas.

2 - Escolha as pessoas: Avalie habilidades, experiência, disponibilidade e potencial de desenvolvimento.

3 - Forneça instruções: Explique o objetivo, defina expectativas e forneça recursos.

4 - Acompanhe o progresso: Mantenha a comunicação aberta, monitore sem sufocar e ofereça feedback.

5 - Reconheça os resultados: Reconheça o bom trabalho, celebre os sucessos e crie um ambiente de confiança.

Ajustes caso o Resultado Esperado não Ocorra:

Se as tarefas não forem concluídas com sucesso: Revise as instruções, ofereça mais suporte e ajuste as expectativas.

Se houver resistência à delegação: Explique os benefícios da delegação, demonstre confiança em sua equipe e ofereça oportunidades de desenvolvimento.

Se você se sentir inseguro em delegar: Comece delegando tarefas mais simples e aumente gradualmente a complexidade à medida que sua confiança cresce.

Exemplos:

Um gerente que delega a organização de uma reunião para seu assistente: Fornece as informações necessárias, define o prazo e confia em sua capacidade de organizar o evento com sucesso.

Um líder de projeto que delega tarefas específicas para cada membro da equipe: Aproveita as habilidades e experiências individuais para otimizar o desempenho do projeto.

Um professor que delega a pesquisa de um tema para seus alunos: Incentiva o aprendizado ativo e o desenvolvimento da autonomia dos estudantes.

Delegar tarefas é mais do que aliviar sua carga de trabalho; é uma estratégia para construir equipes mais fortes, promover o crescimento coletivo e alcançar objetivos com mais eficiência. Cada ato de delegação, quando feito com propósito e clareza, fortalece sua liderança e inspira confiança entre os membros da equipe.

Ao identificar as tarefas certas, escolher as pessoas adequadas e fornecer o suporte necessário, você cria um ciclo virtuoso de produtividade e motivação. Mais do que uma técnica, delegar é um ato de empoderamento, que demonstra respeito pelas habilidades e pelo potencial de sua equipe. Além disso, reconhecer e celebrar os sucessos resultantes da delegação reforça o espírito de colaboração e incentiva o comprometimento contínuo.

A prática da delegação eficaz não apenas transforma o trabalho, mas também sua relação com ele. Liberando tempo para focar no que é mais estratégico, você amplia sua visão e fortalece sua capacidade de liderança. Aplique essa lei com confiança e veja como ela pode elevar não apenas seus resultados, mas também o impacto que você exerce sobre aqueles que lidera.

Lei 22
Cultive Criatividade

A criatividade é uma força transformadora, capaz de abrir portas para possibilidades ilimitadas e soluções inovadoras. Em um mundo onde mudanças e desafios são constantes, cultivar a criatividade é essencial para prosperar, seja na vida pessoal, seja no ambiente profissional. Essa habilidade vai além da arte ou da inovação tecnológica; ela permeia todas as áreas da vida, permitindo que você resolva problemas, se adapte a novas circunstâncias e se destaque em um cenário competitivo.

Ser criativo significa enxergar além do óbvio, desafiar padrões estabelecidos e conectar ideias aparentemente desconexas para criar algo novo e significativo. Esse processo não é reservado a gênios ou artistas, mas está ao alcance de qualquer pessoa disposta a explorar, experimentar e aprender. O cultivo da criatividade não apenas amplia suas capacidades intelectuais, mas também fortalece sua autoconfiança, já que cada ideia desenvolvida e colocada em prática reforça sua crença em seu potencial.

A criatividade também desempenha um papel crucial na inovação e na comunicação. Seja criando um produto revolucionário ou apresentando uma ideia de maneira cativante, pensar de forma criativa permite que você cause um impacto profundo. Além disso, a criatividade o torna mais resiliente, ajudando-o a enfrentar as incertezas com flexibilidade e otimismo.

Cultivar a criatividade é um exercício contínuo de curiosidade, experimentação e coragem. É um processo que exige abertura para novas experiências, disposição para aprender com os erros e a capacidade de transformar o inesperado em oportunidades. Ao abraçar sua criatividade, você descobre novas formas de pensar, agir e crescer.

Vantagens Pessoais:

Resolução de problemas: A criatividade permite que você encontre soluções inovadoras para os desafios que surgem em sua vida pessoal e profissional, superando obstáculos com mais facilidade e eficiência.

Inovação: A criatividade é o motor da inovação, impulsionando o desenvolvimento de novas ideias, produtos, serviços e processos.

Adaptabilidade: A criatividade o torna mais adaptável às mudanças, permitindo que você encontre soluções flexíveis e se ajuste às novas realidades com mais facilidade.

Pensamento crítico: A criatividade estimula o pensamento crítico, permitindo que você analise situações de diferentes perspectivas e tome decisões mais informadas.

Comunicação eficaz: A criatividade torna sua comunicação mais envolvente e persuasiva, permitindo que você expresse suas ideias de forma original e impactante.

Aumento da autoconfiança: Desenvolver sua criatividade aumenta sua autoconfiança e sua crença em sua capacidade de criar e inovar.

Métodos de Aplicação:

1. Libere sua mente:

Quebre com os padrões: Desafie suas suposições, questione o status quo e busque novas formas de pensar e agir.

Explore diferentes perspectivas: Tente enxergar as coisas de diferentes ângulos, considerando opiniões divergentes e buscando inspiração em fontes inusitadas.

Cultive a curiosidade: Faça perguntas, explore novos assuntos e se interesse pelo mundo ao seu redor.

2. Estimule sua imaginação:

Pratique o brainstorming: Reúna-se com outras pessoas para gerar ideias sem julgamentos ou críticas, permitindo que a criatividade flua livremente.

Utilize técnicas de pensamento visual: Crie mapas mentais, desenhos e diagramas para organizar suas ideias e explorar novas conexões.

Mergulhe em experiências sensoriais: Visite museus, assista a filmes, ouça música, explore a natureza e se inspire em diferentes formas de expressão artística.

3. Experimente e aprenda com seus erros:

Não tenha medo de errar: O erro faz parte do processo criativo. Veja seus erros como oportunidades de aprendizado e aprimoramento.

Teste novas ideias: Não se limite a pensar em novas ideias, coloque-as em prática e experimente diferentes abordagens.

Busque feedback: Peça feedback a outras pessoas sobre suas ideias e soluções, e esteja aberto a críticas construtivas.

4. Crie um ambiente propício à criatividade:

Reserve tempo para a criatividade: Incorpore a criatividade em sua rotina, reservando tempo para pensar, refletir e explorar novas ideias.

Cerque-se de pessoas criativas: Conecte-se com pessoas que inspiram sua criatividade e que o desafiam a pensar fora da caixa.

Crie um espaço inspirador: Organize seu espaço de trabalho de forma a estimular a criatividade, com cores, imagens, objetos e elementos que despertem sua imaginação.

Guia Passo a Passo para Aplicar a Lei "Cultive Criatividade":

1 - Libere sua mente: Quebre com os padrões, explore diferentes perspectivas e cultive a curiosidade.

2 - Estimule sua imaginação: Pratique o brainstorming, utilize técnicas de pensamento visual e mergulhe em experiências sensoriais.

3 - Experimente e aprenda: Não tenha medo de errar, teste novas ideias e busque feedback.

4 - Crie um ambiente propício: Reserve tempo para a criatividade, cerque-se de pessoas criativas e crie um espaço inspirador.

Ajustes caso o Resultado Esperado não Ocorra:

Se você se sentir preso em um bloqueio criativo: Mude sua rotina, experimente novas atividades e busque inspiração em fontes inusitadas.

Se suas ideias parecerem muito convencionais: Desafie suas suposições, questione o óbvio e busque perspectivas mais originais.

Se você tiver dificuldade em colocar suas ideias em prática: Divida seus projetos em etapas menores, estabeleça prazos realistas e busque o apoio de outras pessoas.

Exemplos:

Um escritor que busca inspiração para seu próximo livro: Viaja para um lugar desconhecido, conversa com pessoas de diferentes culturas e experimenta novas formas de expressão artística.

Um empreendedor que deseja desenvolver um novo produto: Realiza sessões de brainstorming com sua equipe, analisa as necessidades do mercado e se inspira em soluções de outros setores.

Um professor que busca novas formas de ensinar: Experimenta diferentes metodologias, utiliza recursos tecnológicos e incentiva a participação ativa dos alunos.

Cultivar a criatividade é um compromisso consigo mesmo e com o seu potencial de transformação. Ao liberar sua mente, estimular sua imaginação e criar um ambiente que favoreça o pensamento criativo, você se coloca em uma posição de vantagem, preparado para enfrentar desafios com soluções inovadoras e impactantes.

A criatividade não é um talento inato, mas uma habilidade que se desenvolve com prática e intenção. Quando você se permite errar, explorar novas ideias e buscar inspiração em diferentes fontes, está pavimentando o caminho para descobertas surpreendentes. Além disso, cercar-se de pessoas criativas e reservar tempo para pensar e imaginar fortalece esse processo, tornando-o parte natural da sua rotina.

    Lembre-se de que a criatividade não é apenas uma ferramenta para resolver problemas ou inovar, mas também uma forma de enriquecer sua vida, expandir seus horizontes e transformar suas ideias em realidade. Abrace sua capacidade criativa e descubra como ela pode ser a chave para uma vida mais dinâmica, adaptável e cheia de realizações.

Lei 23
Domine Tecnologia

Dominar a tecnologia é uma habilidade essencial em um mundo onde as ferramentas digitais moldam todos os aspectos da vida moderna. De aumentar a produtividade no trabalho a expandir oportunidades de aprendizado, a tecnologia é um recurso poderoso que pode transformar a maneira como você vive, se conecta e inova. No entanto, para colher os benefícios que ela oferece, é necessário ir além do uso básico e aprender a utilizá-la estrategicamente.

Com o avanço constante das ferramentas digitais, a tecnologia tornou-se uma aliada indispensável para resolver problemas, acessar informações e se comunicar com pessoas de qualquer lugar do mundo. Ao dominar as ferramentas certas, você não apenas otimiza seu tempo, mas também amplia sua capacidade de inovar e colaborar. Além disso, o uso consciente da tecnologia fortalece sua criatividade, permitindo que você explore novas formas de expressão e desenvolvimento pessoal.

No entanto, o domínio da tecnologia vai além de simplesmente usá-la. É sobre desenvolver habilidades digitais essenciais, como gerenciamento de informações e segurança online, e aplicá-las de forma estratégica para alcançar seus objetivos. Também é crucial manter-se atualizado sobre as tendências tecnológicas e estar disposto a se adaptar às mudanças constantes, para que você esteja sempre um passo à frente em um ambiente digital competitivo.

Com uma abordagem intencional e prática, a tecnologia se torna uma ferramenta que potencializa seu crescimento pessoal e profissional. Mais do que um recurso técnico, ela é um meio de amplificar sua visão, conectá-lo ao mundo e ajudá-lo a alcançar novos patamares de eficiência e inovação.

Vantagens Pessoais:

Aumento da produtividade: Ferramentas digitais como aplicativos de organização, softwares de automação e plataformas de comunicação aumentam sua produtividade, permitindo que você faça mais em menos tempo.

Expansão de oportunidades: A tecnologia abre portas para novas oportunidades de trabalho, educação, negócios e conexão com pessoas do mundo todo.

Melhoria da comunicação: Plataformas de comunicação online facilitam a conexão com pessoas de diferentes lugares, culturas e idiomas, expandindo suas redes de contato e oportunidades de colaboração.

Acesso à informação: A internet oferece acesso ilimitado à informação, permitindo que você aprenda sobre qualquer assunto, se atualize sobre as últimas notícias e desenvolva novos conhecimentos e habilidades.

Crescimento pessoal: A tecnologia oferece ferramentas para o desenvolvimento pessoal, como aplicativos de meditação, plataformas de aprendizado online e ferramentas de acompanhamento de hábitos.

Criatividade e inovação: A tecnologia estimula a criatividade e a inovação, fornecendo ferramentas para a criação de conteúdo, design, música, vídeos e outras formas de expressão artística.

Métodos de Aplicação:

1. Selecione as ferramentas certas:

Defina suas necessidades: Identifique suas necessidades e objetivos em relação à tecnologia. Que tipo de ferramentas podem ajudá-lo a ser mais produtivo, se conectar com pessoas ou aprender coisas novas?

Pesquise e experimente: Explore diferentes aplicativos, softwares e plataformas online, testando suas funcionalidades e avaliando sua usabilidade e relevância para suas necessidades.

Invista em ferramentas de qualidade: Priorize ferramentas confiáveis, seguras e que ofereçam suporte técnico adequado.

2. Desenvolva habilidades digitais essenciais:

Alfabetização digital: Domine as habilidades básicas de uso do computador e da internet, como navegação, pesquisa, criação de documentos e comunicação online.

Gerenciamento de informações: Aprenda a organizar, armazenar e compartilhar informações de forma segura e eficiente, utilizando nuvens, aplicativos de notas e ferramentas de gerenciamento de arquivos.

Segurança online: Proteja sua privacidade e seus dados pessoais online, utilizando senhas fortes, softwares antivírus e praticando hábitos seguros de navegação.

3. Utilize a tecnologia de forma estratégica:

Automação de tarefas: Utilize ferramentas de automação para agilizar tarefas repetitivas, como agendamento de posts, envio de emails e pagamento de contas.

Gerenciamento de tempo: Utilize aplicativos de calendário, listas de tarefas e ferramentas de gerenciamento de tempo para organizar sua rotina e aumentar sua produtividade.

Aprendizagem online: Aproveite as plataformas de aprendizado online para adquirir novos conhecimentos e habilidades, como cursos online, tutoriais e videoaulas.

4. Mantenha-se atualizado:

Acompanhe as novidades: Mantenha-se atualizado sobre as novas tecnologias, tendências e ferramentas digitais, lendo blogs, sites especializados e participando de eventos e cursos.

Adapte-se às mudanças: Esteja aberto a aprender e se adaptar às constantes mudanças no mundo da tecnologia, desenvolvendo uma mentalidade flexível e aberta à inovação.

Compartilhe seu conhecimento: Compartilhe seu conhecimento sobre tecnologia com outras pessoas, ajudando-as a se beneficiar das ferramentas digitais e a se adaptar ao mundo digital.

Guia Passo a Passo para Aplicar a Lei "Domine Tecnologia":

1 - Selecione as ferramentas: Defina suas necessidades, pesquise e experimente diferentes opções.

2 - Desenvolva habilidades: Domine a alfabetização digital, o gerenciamento de informações e a segurança online.

3 - Utilize estrategicamente: Automatize tarefas, gerencie o tempo e aprenda online.

4 - Mantenha-se atualizado: Acompanhe as novidades, adapte-se às mudanças e compartilhe seu conhecimento.

Ajustes caso o Resultado Esperado não Ocorra:

Se você se sentir sobrecarregado pela tecnologia: Simplifique suas ferramentas, desative notificações desnecessárias e estabeleça limites para o uso de dispositivos digitais.

Se você tiver dificuldade em aprender novas ferramentas: Busque tutoriais, cursos online e o apoio de pessoas mais experientes em tecnologia.

Se você estiver preocupado com sua privacidade online: Revise as configurações de privacidade de suas contas, utilize senhas fortes e adote práticas seguras de navegação.

Exemplos:

Um profissional que utiliza ferramentas de gerenciamento de projetos para organizar suas tarefas e colaborar com sua equipe online.

Um estudante que utiliza plataformas de aprendizado online para complementar seus estudos e se conectar com outros estudantes do mundo todo.

Um artista que utiliza softwares de edição de imagem e vídeo para criar conteúdo original e compartilhá-lo nas redes sociais.

Dominar a tecnologia é um caminho para desbloquear um universo de possibilidades, desde o aumento da produtividade até a ampliação de sua criatividade e oportunidades. Utilizar as ferramentas digitais com propósito e estratégia transforma a maneira como você vive e trabalha, abrindo espaço para uma vida mais eficiente e conectada.

    Lembre-se de que o verdadeiro domínio da tecnologia não se resume a acompanhar tendências, mas sim a integrá-las de maneira inteligente à sua rotina. Seja automatizando tarefas, aprendendo novas habilidades ou se conectando com pessoas ao redor do mundo, cada passo nessa direção o aproxima de seus objetivos e amplia seu impacto.

    Adotar uma postura de aprendizado contínuo e estar aberto às inovações tecnológicas não apenas garante que você acompanhe as mudanças, mas também o coloca em posição de liderar transformações. Ao compartilhar seu conhecimento e ajudar os outros a navegar no mundo digital, você multiplica os benefícios da tecnologia e fortalece sua própria jornada. Faça da tecnologia sua aliada e descubra como ela pode levar você mais longe do que jamais imaginou.

Lei 24
Invista em Aprendizado

Investir em aprendizado é uma das decisões mais poderosas que você pode tomar para transformar sua vida. Em um mundo onde mudanças são a única constante, o aprendizado contínuo é o que o capacita a se adaptar, crescer e prosperar diante de novos desafios e oportunidades. Mais do que uma atividade acadêmica ou profissional, aprender é um processo vital que expande horizontes, desenvolve habilidades e enriquece sua percepção sobre o mundo.

Adotar uma mentalidade de crescimento é o primeiro passo para desbloquear o poder do aprendizado. Enxergar os desafios como oportunidades e acreditar em sua capacidade de evoluir são atitudes que moldam o caminho para o sucesso. Seja por meio da educação formal, de métodos autodidatas ou da troca de experiências com mentores e colegas, as oportunidades para aprender são ilimitadas e acessíveis a todos.

Além disso, o aprendizado vai além da aquisição de conhecimento. Ele se torna verdadeiramente transformador quando aplicado na prática, seja ao resolver problemas, ao experimentar novas abordagens ou ao compartilhar insights com outros. Esse ciclo de aprendizado, aplicação e reflexão é o que solidifica o conhecimento e o transforma em competência.

Investir em aprendizado não apenas impulsiona sua carreira, mas também enriquece sua vida de maneira geral. Ele fortalece sua autoconfiança, melhora sua capacidade de tomar decisões e proporciona uma sensação contínua de realização. Seja qual for sua área de interesse ou objetivo, o aprendizado é a chave para desbloquear seu verdadeiro potencial e alcançar novas alturas.

Vantagens Pessoais:

Adaptabilidade: Aprender continuamente permite que você se adapte às mudanças do mercado de trabalho, às novas tecnologias e às demandas de um mundo em constante evolução.

Crescimento profissional: Investir em aprendizado impulsiona seu crescimento profissional, abrindo portas para novas oportunidades, promoções e aumento de renda.

Aumento da autoconfiança: Adquirir novos conhecimentos e habilidades aumenta sua autoconfiança e sua crença em sua capacidade de superar desafios e alcançar seus objetivos.

Melhoria da tomada de decisão: O conhecimento expande suas perspectivas, melhora sua capacidade de análise e contribui para uma tomada de decisão mais informada e eficaz.

Estimulação mental: Aprender continuamente mantém sua mente ativa, aguçada e criativa, prevenindo o declínio cognitivo e promovendo a saúde mental.

Realização pessoal: A busca por conhecimento e o desenvolvimento de habilidades proporcionam uma sensação de realização pessoal, propósito e crescimento individual.

Métodos de Aplicação:

1. Cultive uma mentalidade de crescimento:

Abrace os desafios: Encare os desafios como oportunidades de aprendizado e crescimento, em vez de obstáculos a serem evitados.

Acredite em seu potencial: Tenha confiança em sua capacidade de aprender e se desenvolver, independentemente da sua idade ou experiência prévia.

Valorize o esforço: Reconheça que o aprendizado requer esforço e dedicação, e celebre suas conquistas ao longo do caminho.

2. Identifique oportunidades de aprendizado:

Educação formal: Considere fazer cursos de graduação, pós-graduação, cursos livres ou outras formas de educação formal para aprofundar seus conhecimentos em sua área de interesse.

Aprendizagem informal: Explore opções de aprendizagem informal, como ler livros, artigos, blogs, assistir a palestras online, participar de workshops e conferências.

Mentoria e networking: Busque mentoria de pessoas mais experientes em sua área e participe de eventos de networking para aprender com outros profissionais e compartilhar experiências.

3. Domine diferentes métodos de aprendizagem:

Aprendizagem ativa: Participe ativamente do processo de aprendizagem, fazendo perguntas, participando de discussões, realizando exercícios e aplicando o conhecimento na prática.

Aprendizagem visual: Utilize recursos visuais, como gráficos, diagramas e vídeos, para compreender e memorizar informações com mais facilidade.

Aprendizagem auditiva: Ouça palestras, podcasts e audiolivros para absorver informações de forma auditiva.

4. Aplique o conhecimento na prática:

Experimentação: Experimente o que você aprendeu em situações reais, testando suas habilidades e aplicando seus conhecimentos em projetos e desafios do dia a dia.

Reflexão: Reflita sobre suas experiências de aprendizagem, identificando seus pontos fortes e fracos, e buscando formas de aprimorar suas habilidades.

Compartilhamento: Compartilhe seu conhecimento com outras pessoas, ensinando, mentoring ou participando de discussões em grupo.

Guia Passo a Passo para Aplicar a Lei "Invista em Aprendizado":

1 - Cultive uma mentalidade de crescimento: Abrace os desafios, acredite em seu potencial e valorize o esforço.

2 - Identifique oportunidades: Explore opções de educação formal, aprendizagem informal, mentoria e networking.

3 - Domine métodos: Experimente a aprendizagem ativa, visual e auditiva para descobrir qual funciona melhor para você.

4 - Aplique o conhecimento: Experimente, reflita e compartilhe o que você aprendeu.

Ajustes caso o Resultado Esperado não Ocorra:

Se você tiver dificuldade em se manter motivado: Defina metas de aprendizado claras e específicas, encontre um parceiro de estudos ou busque um mentor para acompanhá-lo em sua jornada.

Se você se sentir sobrecarregado com a quantidade de informação: Priorize seus tópicos de interesse, organize seu tempo de estudo e utilize ferramentas de gerenciamento de conhecimento.

Se você tiver dificuldade em aplicar o conhecimento na prática: Busque oportunidades para praticar suas habilidades, como trabalhos voluntários, projetos pessoais ou participação em competições.

Exemplos:

Um profissional que faz um curso de especialização para se atualizar em sua área e aumentar suas chances de promoção.

Um empreendedor que lê livros e artigos sobre gestão de negócios para aprimorar suas habilidades e tomar decisões mais eficazes.

Um artista que participa de workshops e masterclasses para aprender novas técnicas e desenvolver seu estilo artístico.

Investir em aprendizado é uma jornada contínua e recompensadora, que vai muito além de simplesmente acumular conhecimento. É um caminho para crescer como indivíduo, ampliar suas perspectivas e enfrentar desafios com mais confiança e preparo. Ao adotar uma mentalidade de crescimento, identificar oportunidades e aplicar seus aprendizados na prática, você não apenas melhora suas habilidades, mas também inspira mudanças positivas em sua vida e ao seu redor.

Lembre-se de que o aprendizado não é um destino, mas um processo que o acompanha por toda a vida. Mesmo quando os resultados não são imediatos, cada esforço conta, contribuindo para um progresso consistente e significativo. Explore diferentes formas de aprender, seja com livros, cursos, mentores ou experiências práticas, e descubra o método que melhor se adapta ao seu estilo e objetivos.

Ao compartilhar seus conhecimentos e refletir sobre suas conquistas, você multiplica o impacto do aprendizado, criando um ciclo virtuoso de crescimento e realização. Invista em si mesmo, continue aprendendo e colhendo os frutos de uma vida repleta de possibilidades e realizações.

Lei 25
Promova Diversidade

Promover a diversidade é um dos pilares para construir ambientes mais ricos, justos e inovadores. Em um mundo onde as diferenças são muitas vezes vistas como barreiras, é essencial reconhecer que elas são, na verdade, uma fonte inestimável de força e crescimento. A diversidade não apenas amplia perspectivas, mas também inspira empatia, criatividade e colaboração, tornando indivíduos e comunidades mais resilientes e preparados para enfrentar os desafios do futuro.

Abraçar a diversidade exige uma mudança de mentalidade, começando por identificar e desconstruir preconceitos, tanto conscientes quanto inconscientes. Isso abre caminho para a criação de ambientes inclusivos, onde as diferenças são respeitadas e as pessoas se sentem valorizadas por suas singularidades. Mais do que uma iniciativa ética, a diversidade é uma estratégia que promove o sucesso, seja em equipes de trabalho, organizações ou interações sociais.

Além disso, a diversidade alimenta a criatividade e a inovação, trazendo novas ideias e abordagens para resolver problemas e alcançar objetivos. Quando perspectivas diferentes convergem, surgem soluções mais eficazes e transformadoras. Ao mesmo tempo, a diversidade fortalece os laços interpessoais e promove uma sociedade mais justa, onde todos têm a oportunidade de contribuir e prosperar.

Promover a diversidade é uma responsabilidade compartilhada que começa com atitudes individuais e se expande para ações coletivas. Com conhecimento, esforço e compromisso, é possível transformar preconceitos em compreensão e exclusão em inclusão, criando um mundo onde as diferenças sejam celebradas como um bem comum.

Vantagens Pessoais:

Ampliação de perspectivas: A diversidade enriquece suas perspectivas, expondo você a diferentes pontos de vista, ideias e experiências, o que contribui para uma visão de mundo mais ampla e completa.

Desenvolvimento pessoal: Interagir com pessoas de diferentes origens e culturas promove o crescimento pessoal, a empatia e a compreensão mútua.

Criatividade e inovação: A diversidade estimula a criatividade e a inovação, pois traz diferentes perspectivas e abordagens para a resolução de problemas e a criação de soluções.

Fortalecimento de relacionamentos: Promover a diversidade e a inclusão fortalece seus relacionamentos interpessoais, criando laços de confiança e respeito mútuo.

Construção de uma sociedade mais justa: Ao promover a diversidade e a inclusão, você contribui para a construção de uma sociedade mais justa, equitativa e acolhedora para todos.

Aumento da consciência social: Compreender a importância da diversidade aumenta sua consciência social e seu compromisso em combater a discriminação e a injustiça.

Métodos de Aplicação:

1. Combata o preconceito:

Identifique seus próprios vieses: Esteja consciente de seus próprios vieses inconscientes e preconceitos, e busque desconstruí-los através da educação, da reflexão e do contato com pessoas de diferentes origens.

Questione estereótipos: Desafie estereótipos e generalizações sobre grupos de pessoas, e busque conhecer as pessoas como indivíduos, com suas próprias histórias e experiências.

Defenda a igualdade: Denuncie atos de discriminação e preconceito, e defenda a igualdade de oportunidades para todos, independentemente de sua origem ou identidade.

2. Crie um ambiente inclusivo:

Promova o respeito e a valorização das diferenças: Crie um ambiente onde todas as pessoas se sintam respeitadas, valorizadas e seguras para serem elas mesmas, independentemente de suas diferenças.

Incentive a participação de todos: Garanta que todas as pessoas tenham a oportunidade de participar ativamente e contribuir com suas ideias e perspectivas.

Ofereça oportunidades iguais: Garanta que todas as pessoas tenham acesso às mesmas oportunidades, independentemente de sua origem ou identidade.

3. Aproveite os benefícios da diversidade:

Construa equipes diversas: Monte equipes de trabalho com pessoas de diferentes origens, habilidades e perspectivas, para aproveitar os benefícios da diversidade de pensamento e experiência.

Busque diferentes pontos de vista: Incentive o diálogo e a troca de ideias entre pessoas com diferentes perspectivas, para enriquecer a discussão e encontrar soluções mais criativas e inovadoras.

Valorize a contribuição de cada um: Reconheça e valorize a contribuição de cada membro da equipe, celebrando a diversidade e a riqueza que ela traz para o ambiente de trabalho.

4. Seja um agente de mudança:

Eduque-se sobre diversidade e inclusão: Busque informações e conhecimento sobre diversidade, inclusão e justiça social, para compreender melhor os desafios e as oportunidades relacionadas a esses temas.

Compartilhe seu conhecimento: Compartilhe o que você aprende com outras pessoas, promovendo a conscientização sobre a importância da diversidade e da inclusão.

Inicie mudanças em sua comunidade: Promova ações e iniciativas que incentivem a diversidade e a inclusão em sua comunidade, como eventos, palestras e campanhas de conscientização.

Guia Passo a Passo para Aplicar a Lei "Promova Diversidade":

1 - Combata o preconceito: Identifique seus vieses, questione estereótipos e defenda a igualdade.

2 - Crie um ambiente inclusivo: Promova o respeito, incentive a participação e ofereça oportunidades iguais.

3 - Aproveite os benefícios: Construa equipes diversas, busque diferentes pontos de vista e valorize a contribuição de cada um.

4 - Seja um agente de mudança: Eduque-se, compartilhe seu conhecimento e promova ações em sua comunidade.

Ajustes caso o Resultado Esperado não Ocorra:

Se você encontrar resistência à promoção da diversidade: Dialogue abertamente sobre os benefícios da diversidade, apresente dados e exemplos concretos, e busque o apoio de líderes e influenciadores que compartilhem seus valores.

Se você identificar falhas em suas próprias práticas: Esteja aberto a aprender com seus erros, busque feedback de pessoas de diferentes origens e ajuste suas ações para promover uma cultura mais inclusiva.

Se você se sentir desmotivado diante dos desafios: Lembre-se que a promoção da diversidade é uma jornada contínua que requer persistência e comprometimento. Conecte-se com pessoas que compartilham seus valores e celebre as pequenas vitórias ao longo do caminho.

Exemplos:

Uma empresa que implementa um programa de recrutamento e seleção focado na diversidade, buscando atrair talentos de diferentes origens e grupos sub-representados.

Uma escola que promove atividades e discussões sobre diferentes culturas e identidades, para combater o preconceito e criar um ambiente mais inclusivo para todos os alunos.

Um líder comunitário que organiza eventos e campanhas para promover a igualdade de gênero e o empoderamento feminino.

Promover a diversidade é um compromisso que beneficia não apenas aqueles ao seu redor, mas também você mesmo. Ao abrir espaço para diferentes perspectivas e experiências, você enriquece sua visão de mundo, fortalece suas relações e contribui para a construção de uma sociedade mais equitativa e acolhedora.

Lembre-se de que a diversidade não é apenas um valor ético, mas também uma poderosa ferramenta para o crescimento pessoal e coletivo. Seja ao formar equipes diversas, criar ambientes inclusivos ou combater preconceitos, cada ação conta para transformar realidades e inspirar mudanças positivas.

Embora o caminho para a inclusão possa apresentar desafios, ele também traz recompensas significativas. Ao educar-se sobre diversidade e compartilhar seus aprendizados, você se torna um agente de mudança, capaz de liderar pelo exemplo e incentivar outros a seguirem o mesmo caminho. Com persistência e empatia, você pode ajudar a criar um futuro em que a diversidade seja celebrada como uma força essencial para o progresso e a harmonia.

Lei 26
Pratique Resiliência

Praticar resiliência é uma habilidade fundamental para enfrentar as adversidades e prosperar, mesmo diante dos desafios mais difíceis da vida. A resiliência não significa apenas suportar os momentos difíceis, mas também transformar esses momentos em oportunidades de aprendizado, crescimento e fortalecimento pessoal. Em um mundo repleto de incertezas, ela é o que permite que você se levante após uma queda e continue avançando, mais sábio e confiante do que antes.

A resiliência começa com uma mentalidade positiva, onde o foco está nas soluções e nas oportunidades, em vez dos problemas. Essa abordagem permite que você veja as dificuldades como temporárias e superáveis. Além disso, a resiliência é fortalecida pelo autoconhecimento, pelo autocuidado e pelo desenvolvimento de uma rede de apoio sólida, formada por amigos, familiares e profissionais que possam oferecer suporte emocional e orientação.

Mais do que uma habilidade emocional, a resiliência também é uma prática cotidiana. Ela envolve analisar as situações com clareza, aprender com os erros e reenquadrar as experiências negativas para extrair delas lições valiosas. É um processo ativo, que exige esforço e dedicação, mas que traz recompensas significativas: maior saúde mental, melhores relacionamentos e uma autoconfiança inabalável.

Cultivar a resiliência não é apenas sobre sobreviver, mas sobre prosperar. Ao praticá-la, você descobre uma força interior que o ajuda a enfrentar as tempestades com coragem, adaptando-se às mudanças e emergindo delas mais forte do que nunca.

Vantagens Pessoais:

Superação de desafios: A resiliência permite que você enfrente e supere os desafios da vida com mais coragem e determinação, sejam eles perdas, fracassos, doenças ou crises.

Crescimento pessoal: A adversidade e os erros são oportunidades de aprendizado e crescimento. A resiliência permite que você extraia lições valiosas das dificuldades e se torne uma pessoa mais forte e sábia.

Adaptabilidade: A resiliência aumenta sua capacidade de adaptação às mudanças, permitindo que você se ajuste às novas circunstâncias e encontre soluções criativas para os problemas que surgem.

Saúde mental e bem-estar: Pessoas resilientes tendem a ter uma melhor saúde mental e bem-estar emocional, pois são capazes de lidar com o estresse, a ansiedade e a depressão de forma mais eficaz.

Relacionamentos mais fortes: A resiliência fortalece seus relacionamentos interpessoais, permitindo que você ofereça e receba apoio em momentos difíceis, e construa laços mais profundos e duradouros.

Aumento da autoconfiança: Superar a adversidade com resiliência aumenta sua autoconfiança e sua crença em sua capacidade de lidar com qualquer situação.

Métodos de Aplicação:

1. Cultive uma mentalidade positiva:

Foque nas soluções: Em vez de se concentrar nos problemas, concentre-se nas soluções e nas possibilidades.

Pratique a gratidão: Cultive a gratidão pelas coisas boas em sua vida, mesmo em meio às dificuldades.

Mantenha o otimismo: Acredite que você pode superar os desafios e que coisas melhores virão.

2. Desenvolva sua força interior:

Autoconhecimento: Conecte-se consigo mesmo, compreenda seus pontos fortes e fracos, e identifique seus valores e propósitos de vida.

Autocuidado: Cuide de sua saúde física e mental, praticando exercícios físicos, se alimentando bem, dormindo o suficiente e reservando tempo para o lazer e o relaxamento.

Espiritualidade: Cultive sua espiritualidade, seja através da religião, da meditação ou da conexão com a natureza, para encontrar força e significado em sua vida.

3. Construa uma rede de apoio:

Fortaleça seus relacionamentos: Cultive relacionamentos saudáveis e positivos com amigos, familiares e pessoas de confiança, que possam lhe oferecer apoio em momentos difíceis.

Busque ajuda profissional: Não hesite em buscar ajuda profissional de um terapeuta ou conselheiro se você estiver enfrentando dificuldades emocionais ou psicológicas.

Participe de grupos de apoio: Conecte-se com pessoas que passaram por experiências semelhantes às suas, compartilhando histórias e oferecendo apoio mútuo.

4. Aprenda com seus erros e adversidades:

Analise a situação: Após uma experiência negativa, analise a situação com calma e objetividade, identificando os fatores que contribuíram para o problema e as lições que você pode aprender.

Reenquadre a experiência: Tente enxergar a experiência negativa sob uma nova perspectiva, buscando os aspectos positivos e as oportunidades de crescimento que ela pode oferecer.

Siga em frente: Não se deixe paralisar pelo medo ou pela culpa. Perdoe-se pelos seus erros, aceite o que aconteceu e siga em frente com mais força e sabedoria.

Guia Passo a Passo para Aplicar a Lei "Pratique Resiliência":

1 - Cultive uma mentalidade positiva: Foque nas soluções, pratique a gratidão e mantenha o otimismo.

2 - Desenvolva sua força interior: Invista em autoconhecimento, autocuidado e espiritualidade.

3 - Construa uma rede de apoio: Fortaleça seus relacionamentos e busque ajuda quando necessário.

4 - Aprenda com seus erros: Analise a situação, reenquadre a experiência e siga em frente.

Ajustes caso o Resultado Esperado não Ocorra:

Se você tiver dificuldade em se recuperar de uma experiência traumática: Busque ajuda profissional de um psicólogo ou psiquiatra para processar suas emoções e desenvolver mecanismos de enfrentamento.

Se você se sentir desmotivado e sem energia: Revise seus objetivos de vida, busque novas fontes de inspiração e faça pequenas mudanças em sua rotina para recuperar o entusiasmo.

Se você tender a repetir os mesmos erros: Analise seus padrões de comportamento, identifique os gatilhos que levam aos erros e desenvolva estratégias para evitá-los no futuro.

Exemplos:

Um atleta que se recupera de uma lesão grave e volta a competir em alto nível.

Um empreendedor que supera a falência de seu primeiro negócio e cria uma nova empresa de sucesso.

Uma pessoa que perde um ente querido e encontra força para seguir em frente, honrando sua memória e celebrando a vida.

A prática da resiliência é uma jornada de autodescoberta e fortalecimento pessoal que transforma desafios em oportunidades de crescimento. Ela não elimina as adversidades, mas muda a maneira como você as enfrenta, permitindo que cada obstáculo seja superado com coragem, clareza e determinação.

Ao cultivar uma mentalidade positiva, investir em sua força interior e buscar apoio quando necessário, você constrói uma base sólida para enfrentar os altos e baixos da vida. Cada dificuldade superada reforça sua autoconfiança e lhe dá a certeza de que é capaz de lidar com qualquer situação que surgir.

Praticar resiliência não significa evitar os erros, mas aprender com eles. Reenquadrar experiências negativas e seguir em frente com propósito é o que permite que você cresça e prospere, mesmo em tempos difíceis. Lembre-se: a resiliência é um músculo que se fortalece com o uso, e cada desafio enfrentado é uma oportunidade de torná-lo mais robusto. Abrace a resiliência como um princípio de vida e descubra a força extraordinária que existe dentro de você.

Lei 27
Comunique-se Eficazmente

Comunicar-se de forma eficaz é uma habilidade essencial para o sucesso em qualquer aspecto da vida. Desde fortalecer relacionamentos pessoais até alcançar objetivos profissionais, a maneira como você transmite suas ideias e interpreta as mensagens dos outros desempenha um papel crucial. A comunicação eficaz não apenas garante que sua mensagem seja compreendida, mas também cria conexões mais profundas, promove a colaboração e facilita a resolução de conflitos.

Uma boa comunicação começa com clareza. Organizar seus pensamentos, utilizar uma linguagem acessível e estruturar suas mensagens de forma lógica são passos indispensáveis para garantir que o que você deseja transmitir seja entendido sem ambiguidades. Mas a comunicação eficaz vai além das palavras: o uso inteligente da linguagem corporal, do tom de voz e de recursos como o storytelling torna suas mensagens mais cativantes e memoráveis.

Além disso, ser um bom ouvinte é tão importante quanto se expressar bem. Ouvir com atenção, demonstrar interesse genuíno e responder de forma construtiva são práticas que fortalecem a confiança e a empatia nas interações. Essa abordagem não apenas ajuda a evitar mal-entendidos, mas também enriquece as relações interpessoais e promove um ambiente de respeito e colaboração.

A arte da comunicação eficaz é uma habilidade que pode ser desenvolvida com prática e dedicação. Ao dominá-la, você estará mais preparado para influenciar, inspirar e alcançar seus objetivos, enquanto constrói conexões significativas com as pessoas ao seu redor.

Vantagens Pessoais:

Clareza e compreensão: Comunicar-se de forma eficaz garante que suas mensagens sejam compreendidas corretamente pelo seu público, evitando mal-entendidos e confusões.

Construção de relacionamentos: Uma comunicação clara e empática fortalece seus relacionamentos interpessoais, criando conexões mais profundas e significativas.

Influência e persuasão: A comunicação eficaz aumenta seu poder de influência e persuasão, permitindo que você inspire pessoas, motive ações e alcance seus objetivos com mais facilidade.

Resolução de conflitos: A comunicação eficaz é essencial para prevenir e resolver conflitos de forma construtiva, expressando suas necessidades e compreendendo as perspectivas dos outros.

Aumento da produtividade: Uma comunicação clara e objetiva no ambiente de trabalho aumenta a produtividade, evitando perda de tempo com ruídos e mal-entendidos.

Desenvolvimento pessoal e profissional: Dominar a arte da comunicação eficaz é uma habilidade valiosa que abre portas para o crescimento pessoal e profissional.

Métodos de Aplicação:

1. Expresse suas ideias com clareza:

Organize seus pensamentos: Antes de começar a falar ou escrever, organize seus pensamentos e defina a mensagem principal que você deseja transmitir.

Utilize uma linguagem clara e concisa: Evite jargões, termos técnicos e frases complexas que possam confundir seu público. Escolha palavras simples e objetivas.

Estruture sua mensagem: Divida sua mensagem em tópicos e utilize recursos visuais, como gráficos e imagens, para torná-la mais fácil de compreender.

2. Construa narrativas envolventes:

Utilize o storytelling: Contar histórias é uma forma poderosa de capturar a atenção do público, transmitir emoções e tornar suas mensagens mais memoráveis.

Crie personagens identificáveis: Apresente personagens com quem seu público possa se identificar, criando uma conexão emocional com sua mensagem.

Apresente um conflito e uma resolução: Construa uma narrativa com um conflito que gere tensão e uma resolução que traga satisfação ao público.

3. Utilize a linguagem corporal a seu favor:

Mantenha contato visual: Olhe nos olhos do seu interlocutor para demonstrar confiança e interesse.

Utilize gestos expressivos: Use gestos para complementar suas palavras e tornar sua comunicação mais dinâmica e envolvente.

Mantenha uma postura aberta e receptiva: Evite cruzar os braços ou se inclinar para trás, pois isso pode transmitir desinteresse ou fechamento.

4. Domine diferentes canais de comunicação:

Comunicação verbal: Pratique suas habilidades de fala em público, aprendendo a controlar o tom de voz, o ritmo da fala e a linguagem corporal.

Comunicação escrita: Aprimore suas habilidades de escrita, aprendendo a escrever de forma clara, concisa e gramaticalmente correta.

Comunicação online: Domine as ferramentas de comunicação online, como e-mail, mensagens instantâneas e videoconferência, adaptando sua linguagem e estilo a cada canal.

5. Seja um bom ouvinte:

Preste atenção: Concentre-se no que a outra pessoa está dizendo, evitando distrações e interrupções.

Demonstre interesse: Faça perguntas, acene com a cabeça e utilize expressões faciais para mostrar que você está engajado na conversa.

Parafraseie: Repita o que a outra pessoa disse com suas próprias palavras para garantir que você compreendeu corretamente.

Guia Passo a Passo para Aplicar a Lei "Comunique Eficaz":

1 - Defina seu objetivo: Qual mensagem você deseja transmitir e qual resultado você espera alcançar?

2 - Conheça seu público: Quem é seu público-alvo? Quais são seus interesses, necessidades e expectativas?

3 - Prepare sua mensagem: Organize seus pensamentos, utilize uma linguagem clara e concisa, e estruture sua mensagem de forma lógica.

4 - Escolha o canal de comunicação adequado: Qual o melhor canal para transmitir sua mensagem? Verbal, escrito ou online?

5 - Comunique-se com confiança: Fale com clareza, use a linguagem corporal a seu favor e seja um bom ouvinte.

Ajustes caso o Resultado Esperado não Ocorra:

Se sua mensagem não estiver sendo compreendida: Simplifique sua linguagem, utilize exemplos e analogias, e peça feedback ao seu público.

Se você não estiver conseguindo se conectar com seu público: Adapte sua comunicação ao estilo e às preferências do seu público, e demonstre empatia e interesse genuíno.

Se você não estiver obtendo a resposta desejada: Revise sua mensagem, ajuste sua abordagem e experimente diferentes canais de comunicação.

Exemplos:

Um líder que inspira sua equipe com um discurso motivador, utilizando uma linguagem clara, imagens impactantes e uma história inspiradora.

Um negociador que fecha um acordo importante, comunicando-se de forma clara, concisa e persuasiva, e ouvindo atentamente as necessidades da outra parte.

Um professor que ensina um conceito complexo de forma clara e envolvente, utilizando exemplos práticos, recursos visuais e uma linguagem acessível aos alunos.

A prática da comunicação eficaz é um investimento que transforma suas interações, amplia sua influência e enriquece seus relacionamentos. Ao se expressar com clareza, empregar estratégias como o storytelling e usar sua linguagem corporal a seu favor, você torna suas mensagens mais impactantes e envolventes.

Lembre-se de que comunicar-se eficazmente não é apenas transmitir informações, mas também criar entendimento mútuo e conexão emocional. A escuta ativa e a demonstração de empatia são pilares fundamentais para construir uma comunicação que inspire confiança e cooperação.

Seja qual for o contexto — pessoal ou profissional —, a comunicação eficaz é a ponte que conecta suas ideias às pessoas. Ao dominar essa habilidade, você abre portas para oportunidades, resolve conflitos com elegância e fortalece sua posição como um líder confiável e influente. Pratique, refine e valorize sua comunicação, e colha os frutos de um mundo que entende e valoriza sua mensagem.

Lei 28
Utilize Linguagem

A linguagem é uma das ferramentas mais poderosas à disposição do ser humano. Ela não apenas nos permite transmitir informações, mas também molda conexões, inspira ações e transforma ideias em realidade. Quando utilizada de forma eficaz, a linguagem é capaz de influenciar, persuadir e criar um impacto duradouro nas pessoas e no mundo ao seu redor. Dominar essa habilidade é essencial para quem deseja alcançar sucesso pessoal e profissional.

A comunicação vai muito além das palavras. O tom de voz, a linguagem corporal e até mesmo os símbolos visuais desempenham um papel crucial na maneira como suas mensagens são recebidas e interpretadas. Utilizar essas nuances com consciência e estratégia é o que diferencia um comunicador comum de um comunicador brilhante.

Além disso, a linguagem é um reflexo do pensamento. Ao expandir seu vocabulário, dominar a gramática e aprender a estruturar suas ideias de maneira clara e envolvente, você aprimora não apenas a forma como se comunica, mas também como pensa. A capacidade de adaptar sua linguagem ao público, ao contexto e ao objetivo da comunicação é uma habilidade valiosa que amplia sua influência e eficácia em qualquer situação.

A prática consciente do uso da linguagem é uma oportunidade de autodescoberta, empoderamento e transformação. Quando você domina as palavras — faladas, escritas ou visuais —, está construindo pontes que conectam ideias a pessoas, e pessoas a mudanças.

Vantagens Pessoais:

Comunicação eficaz: Dominar a linguagem permite que você se comunique de forma clara, concisa e persuasiva, transmitindo suas mensagens com impacto e facilitando a compreensão mútua.

Construção de relacionamentos: A linguagem é a base da conexão humana. Utilizá-la com empatia e autenticidade fortalece seus relacionamentos e cria laços mais profundos com as pessoas ao seu redor.

Influência e persuasão: A linguagem é uma ferramenta poderosa de influência. Utilizar as palavras, o tom de voz e a linguagem corporal de forma estratégica aumenta seu poder de persuasão e liderança.

Expressão pessoal: A linguagem permite que você expresse sua individualidade, seus pensamentos, emoções e ideias de forma autêntica e criativa.

Crescimento profissional: Dominar a linguagem é essencial para o sucesso profissional, seja na comunicação com colegas, clientes ou superiores, seja na apresentação de projetos e ideias.

Autoconhecimento: A linguagem é um reflexo do nosso pensamento. Analisar a forma como você se comunica pode levar a um maior autoconhecimento e compreensão de si mesmo.

Métodos de Aplicação:

1. Domine a linguagem verbal:

Vocabulário: Enriqueça seu vocabulário, aprendendo novas palavras e expressões que lhe permitam se expressar com mais precisão e riqueza.

Gramática e sintaxe: Domine as regras gramaticais e a estrutura da linguagem para comunicar-se de forma clara e correta.

Tom de voz: Varie seu tom de voz de acordo com a situação e a mensagem que você deseja transmitir, utilizando a ênfase, a pausa e a entonação para criar impacto e emoção.

2. Utilize a linguagem não-verbal com maestria:

Linguagem corporal: Preste atenção à sua postura, gestos, expressões faciais e contato visual, utilizando-os de forma consciente para reforçar suas mensagens e criar uma presença impactante.

Proxêmica: Utilize o espaço físico a seu favor, aproximando-se ou se distanciando de seu interlocutor de acordo com o nível de intimidade e a natureza da interação.

Paralinguagem: Preste atenção aos sons que você emite além da fala, como risos, suspiros e ruídos de aprovação ou desaprovação, pois eles transmitem informações importantes sobre seus sentimentos e reações.

3. Explore o poder da linguagem simbólica:

Metáforas e analogias: Utilize metáforas e analogias para tornar suas mensagens mais vivas, memoráveis e persuasivas, criando associações e imagens mentais impactantes.

Storytelling: Contar histórias é uma forma poderosa de transmitir mensagens complexas de forma envolvente e memorável, criando conexões emocionais com seu público.

Símbolos visuais: Utilize imagens, cores, logotipos e outros símbolos visuais para reforçar suas mensagens e criar uma identidade visual forte e coesa.

4. Adapte sua linguagem ao contexto:

Público-alvo: Adapte sua linguagem ao seu público-alvo, considerando sua idade, nível de conhecimento, cultura e interesses.

Objetivo da comunicação: Ajuste sua linguagem de acordo com o objetivo da comunicação, seja para informar, persuadir, entreter ou inspirar.

Ambiente: Adapte sua linguagem ao ambiente em que você se encontra, seja uma reunião formal, uma conversa informal ou uma apresentação em público.

Guia Passo a Passo para Aplicar a Lei "Utilize Linguagem":

1 - Domine os fundamentos: Aprimore seu vocabulário, gramática e sintaxe.

2 - Pratique a linguagem não-verbal: Preste atenção à sua linguagem corporal, proxêmica e paralinguagem.

3 - Explore a linguagem simbólica: Utilize metáforas, analogias e storytelling.

4 - Adapte sua linguagem: Ajuste sua comunicação ao público, objetivo e ambiente.

Ajustes caso o Resultado Esperado não Ocorra:

Se sua mensagem não estiver sendo compreendida: Simplifique sua linguagem, utilize exemplos e peça feedback ao seu público.

Se você não estiver conseguindo se conectar com seu público: Adapte sua linguagem e estilo de comunicação às preferências do seu público.

Se você não estiver obtendo a resposta desejada: Revise sua mensagem, ajuste sua abordagem e experimente diferentes formas de se expressar.

Exemplos:

Um político que utiliza uma linguagem emotiva e imagens impactantes para persuadir o eleitorado.

Um líder religioso que utiliza parábolas e metáforas para transmitir ensinamentos espirituais.

Um publicitário que cria uma campanha publicitária com uma linguagem criativa e símbolos visuais marcantes para atrair a atenção do público.

Utilizar a linguagem com eficácia é uma arte que pode ser aprendida, praticada e refinada ao longo da vida. Quando você domina não apenas o que diz, mas como diz, torna-se um comunicador impactante, capaz de inspirar, persuadir e construir relacionamentos sólidos.

A linguagem verbal e não-verbal, quando combinadas de forma estratégica, criam mensagens mais ricas e envolventes. Ao explorar o poder de metáforas, storytelling e símbolos visuais, você transforma suas ideias em experiências memoráveis, conquistando a atenção e o coração do seu público.

Lembre-se de que a chave para uma comunicação eficaz está na adaptação. Seja ajustando sua mensagem ao contexto, seja compreendendo as preferências do seu público, a flexibilidade é o que garante que sua linguagem atinja o resultado desejado. Ao investir nessa habilidade, você está investindo em si mesmo, ampliando suas possibilidades de conexão, crescimento e realização. Pratique, experimente e descubra o poder transformador da linguagem.

Lei 29
Cative Audiências

Cativar audiências é uma habilidade essencial para quem deseja influenciar, inspirar e deixar uma marca duradoura. Seja em uma sala de reuniões, em um palco ou em um encontro social, a capacidade de captar a atenção do público e criar uma conexão genuína pode transformar suas mensagens em experiências memoráveis. Mais do que simplesmente transmitir informações, cativar é sobre engajar, emocionar e motivar pessoas a agirem ou pensarem de maneira diferente.

A base para cativar uma audiência é a conexão. Conhecer seu público, entender suas expectativas e utilizar histórias, humor e empatia para criar um vínculo emocional são estratégias fundamentais. Essa conexão é reforçada por uma presença de palco confiante, onde a linguagem corporal, o tom de voz e o entusiasmo trabalham juntos para sustentar o interesse do público.

Recursos visuais e audiovisuais também desempenham um papel importante, ajudando a ilustrar conceitos e enriquecer sua apresentação. No entanto, eles devem ser usados de forma estratégica e complementar, nunca sobrecarregando ou desviando a atenção da mensagem principal. Além disso, a flexibilidade para adaptar sua linguagem, tom e conteúdo ao contexto e ao perfil da audiência garante que sua mensagem ressoe com mais profundidade.

Cativar uma audiência é mais do que uma técnica — é uma forma de expressar autenticidade e paixão, enquanto compartilha suas ideias de maneira envolvente e impactante. Com prática e intenção, essa habilidade se torna uma ferramenta poderosa para transformar suas interações e alcançar seus objetivos.

Vantagens Pessoais:

Influência e persuasão: Cativar uma audiência aumenta seu poder de influência, permitindo que você transmita suas ideias com mais impacto e persuasão.

Construção de relacionamentos: Criar uma conexão genuína com seu público fortalece seus relacionamentos e abre portas para novas oportunidades de colaboração.

Aumento da autoconfiança: Dominar a arte de cativar audiências aumenta sua autoconfiança e sua capacidade de se comunicar com clareza e segurança.

Melhoria da performance profissional: Seja em apresentações, reuniões ou negociações, a capacidade de cativar uma audiência melhora sua performance profissional e aumenta suas chances de sucesso.

Desenvolvimento de habilidades de liderança: Cativar uma audiência é uma característica essencial de líderes inspiradores, que conseguem motivar e mobilizar pessoas em torno de uma visão comum.

Expressão criativa: A arte de cativar audiências permite que você expresse sua criatividade e compartilhe suas ideias de forma original e envolvente.

Métodos de Aplicação:

1. Conecte-se com seu público:

Conheça seu público: Antes de qualquer apresentação, pesquise sobre seu público-alvo, seus interesses, necessidades e expectativas.

Estabeleça contato visual: Olhe nos olhos das pessoas na audiência, criando uma conexão individual e demonstrando confiança e interesse.

Compartilhe histórias pessoais: Histórias pessoais criam empatia e conexão com o público, tornando sua mensagem mais relevante e memorável.

Utilize humor: O humor é uma ferramenta poderosa para quebrar o gelo, criar uma atmosfera mais leve e tornar sua apresentação mais agradável.

2. Construa uma presença de palco magnética:

Linguagem corporal: Utilize uma linguagem corporal confiante e expressiva, com gestos abertos, postura ereta e movimentos naturais pelo palco.

Voz: Projete sua voz de forma clara e convincente, variando o tom, o ritmo e a entonação para manter a atenção do público.

Entusiasmo: Demonstre entusiasmo e paixão pelo tema que você está apresentando, contagiando o público com sua energia e positividade.

3. Utilize recursos audiovisuais com eficiência:

Imagens impactantes: Utilize imagens de alta qualidade que complementem sua mensagem e criem impacto visual.

Vídeos envolventes: Vídeos curtos e envolventes podem ilustrar conceitos, contar histórias e manter o público engajado.

Apresentações concisas e organizadas: Crie apresentações com slides claros, concisos e bem organizados, evitando o excesso de texto e informações.

4. Adapte sua mensagem a diferentes tipos de audiência:

Contexto: Adapte sua mensagem ao contexto da apresentação, seja uma reunião de negócios, uma palestra acadêmica ou um evento social.

Linguagem: Utilize uma linguagem adequada ao nível de conhecimento e aos interesses do público.

Tom: Ajuste o tom da sua apresentação de acordo com a formalidade do evento e a expectativa da audiência.

Guia Passo a Passo para Aplicar a Lei "Cative Audiências":

1 - Conheça seu público: Pesquise sobre seus interesses, necessidades e expectativas.

2 - Prepare sua mensagem: Defina o objetivo da sua apresentação e estruture seu conteúdo de forma clara e envolvente.

3 - Pratique sua presença de palco: Treine sua linguagem corporal, voz e expressão facial.

4 - Utilize recursos audiovisuais: Selecione imagens, vídeos e slides que complementem sua mensagem.

5 - Adapte sua mensagem: Ajuste sua linguagem, tom e conteúdo ao contexto e à audiência.

Ajustes caso o Resultado Esperado não Ocorra:

Se o público parecer desinteressado: Varie seu tom de voz, faça perguntas, conte histórias e utilize recursos visuais mais estimulantes.

Se você se sentir nervoso: Respire fundo, concentre-se na sua mensagem e lembre-se que o público quer que você tenha sucesso.

Se você não conseguir se conectar com o público: Busque feedback de pessoas de confiança e ajuste sua abordagem para criar uma conexão mais genuína.

Exemplos:

Um professor que utiliza recursos visuais e histórias envolventes para manter seus alunos atentos e interessados na aula.

Um palestrante que cativa a plateia com sua energia, humor e histórias pessoais, inspirando e motivando o público.

Um artista que se conecta com sua audiência através da música, criando uma atmosfera de emoção e compartilhamento.

Cativar audiências é uma arte que combina preparação, presença e paixão. Ao conhecer seu público, adaptar sua mensagem e utilizar recursos visuais e emocionais com habilidade, você cria apresentações envolventes que deixam um impacto duradouro.

Lembre-se de que a conexão é o coração de toda interação bem-sucedida. Contar histórias autênticas, demonstrar empatia e transmitir entusiasmo são maneiras de fortalecer essa conexão e transformar uma audiência passiva em participantes engajados.

Mesmo diante de desafios como nervosismo ou desinteresse inicial, a prática e o ajuste contínuo da sua abordagem permitem que você refine suas habilidades e alcance novos níveis de eficácia. Ao cativar uma audiência, você não apenas transmite suas ideias, mas também cria momentos significativos que podem inspirar, transformar e unir pessoas em torno de um propósito comum. Seja confiante, autêntico e ousado, e descubra o poder de se conectar verdadeiramente com aqueles que o ouvem.

Lei 30
Apresente Ideias

Apresentar ideias de forma eficaz é uma habilidade essencial para transformar pensamentos em ações, inspirar mudanças e alcançar objetivos. Seja em um ambiente corporativo, acadêmico ou social, a capacidade de transmitir suas ideias com clareza, impacto e paixão pode abrir portas, fortalecer relacionamentos e elevar sua influência.

Uma apresentação eficaz vai além de expor informações; é um convite para o público embarcar na sua visão. Isso começa com uma estrutura bem planejada: uma introdução que captura a atenção, um desenvolvimento claro e convincente, e um encerramento que motiva ações ou reflexões. O uso estratégico de recursos visuais, como imagens e gráficos, pode reforçar sua mensagem, enquanto uma entrega confiante, apoiada por uma linguagem corporal expressiva, mantém o público engajado.

Adaptar sua apresentação ao contexto e ao público é igualmente crucial. Compreender as expectativas e os interesses de sua audiência garante que sua mensagem ressoe com maior profundidade. Além disso, a prática e a preparação são fundamentais para construir confiança e lidar com imprevistos, permitindo que você se concentre em conectar-se com seu público de maneira autêntica.

Apresentar ideias não é apenas uma ferramenta para transmitir informações, mas também uma forma de criar impacto. Cada apresentação bem-sucedida é uma oportunidade de destacar seu potencial, inspirar os outros e gerar mudanças significativas.

Vantagens Pessoais:

Influência e persuasão: Apresentar ideias de forma eficaz aumenta seu poder de influência e persuasão, permitindo que você convença pessoas, obtenha apoio para seus projetos e inspire ações.

Comunicação eficaz: Dominar a arte da apresentação de ideias melhora suas habilidades de comunicação em geral, tornando você um comunicador mais claro, conciso e impactante.

Crescimento profissional: A capacidade de apresentar ideias de forma convincente é essencial para o sucesso profissional, abrindo portas para promoções, novas oportunidades e reconhecimento por suas contribuições.

Aumento da autoconfiança: Apresentar suas ideias com clareza e segurança aumenta sua autoconfiança e sua crença em seu potencial.

Desenvolvimento da criatividade: A preparação de apresentações estimula a criatividade e o pensamento inovador, desafiando você a encontrar novas formas de expressar suas ideias e solucionar problemas.

Melhoria do trabalho em equipe: Apresentar ideias de forma colaborativa e receptiva fortalece o trabalho em equipe e promove a construção de consenso.

Métodos de Aplicação:

1. Estruture sua apresentação:

Defina o objetivo: Comece definindo claramente o objetivo da sua apresentação. O que você deseja alcançar? Informar, persuadir, inspirar ou entreter?

Organize suas ideias: Estruture suas ideias de forma lógica e coesa, utilizando uma sequência que faça sentido para o público.

Crie uma introdução cativante: Comece com uma introdução que capte a atenção do público, apresentando o tema e a importância da sua apresentação.

Desenvolva o conteúdo com clareza: Apresente suas ideias de forma clara, concisa e objetiva, utilizando exemplos, dados e evidências para sustentar seus argumentos.

Finalize com um chamado à ação: Termine sua apresentação com um resumo dos pontos principais e um chamado à ação, incentivando o público a agir de acordo com suas ideias.

2. Utilize recursos visuais com impacto:

Slides concisos e visualmente atraentes: Crie slides com pouco texto, imagens de alta qualidade e gráficos claros e informativos.

Vídeos e animações: Utilize vídeos e animações para ilustrar conceitos, contar histórias e tornar sua apresentação mais dinâmica e memorável.

Demonstrações e protótipos: Se possível, utilize demonstrações e protótipos para tornar suas ideias mais tangíveis e concretas.

3. Domine a arte da oratória:

Fale com clareza e confiança: Projete sua voz, fale com clareza e mantenha um bom ritmo de fala.

Utilize a linguagem corporal a seu favor: Faça contato visual com o público, utilize gestos expressivos e mantenha uma postura confiante.

Conecte-se com a audiência: Demonstre entusiasmo e paixão pelo tema, faça perguntas e incentive a participação do público.

4. Adapte sua abordagem a diferentes contextos e públicos:

Formalidade: Ajuste o nível de formalidade da sua apresentação de acordo com o contexto, seja uma reunião de negócios, uma palestra acadêmica ou um evento social.

Público-alvo: Adapte sua linguagem, tom e conteúdo ao público-alvo, considerando sua idade, nível de conhecimento e interesses.

Tempo disponível: Ajuste a duração e o conteúdo da sua apresentação ao tempo disponível, garantindo que você consiga transmitir suas ideias de forma completa e concisa.

Guia Passo a Passo para Aplicar a Lei "Apresente Ideias":
1 - Defina o objetivo e o público alvo da sua apresentação.
2 - Estruture suas ideias de forma lógica e coesa.
3 - Crie recursos visuais impactantes e fáceis de compreender.
4 - Pratique suas habilidades de oratória e linguagem corporal.
5 - Adapte sua apresentação ao contexto e ao público.
Ajustes caso o Resultado Esperado não Ocorra:
Se o público parecer desinteressado ou confuso: Simplifique sua linguagem, utilize mais exemplos e recursos visuais, e faça pausas para perguntas e interação.

Se você se sentir nervoso ou inseguro: Pratique sua apresentação com antecedência, respire fundo e concentre-se em transmitir sua mensagem com confiança.

Se você não conseguir convencer o público: Revise seus argumentos, fortaleça suas evidências e adapte sua abordagem para se conectar melhor com as necessidades e expectativas do público.

Exemplos:
Um empreendedor que apresenta seu plano de negócios para potenciais investidores, utilizando um pitch convincente, dados de mercado e uma apresentação visualmente atraente.

Um cientista que apresenta os resultados de sua pesquisa em uma conferência, utilizando gráficos, imagens e uma linguagem clara e acessível para o público leigo.

Um artista que apresenta seu trabalho em uma galeria, utilizando uma linguagem apaixonada e imagens impactantes para transmitir a emoção e o significado de suas criações.

A arte de apresentar ideias é uma combinação de planejamento cuidadoso, criatividade e conexão emocional. Quando você estrutura suas mensagens de forma clara, utiliza recursos visuais de impacto e se entrega com confiança e entusiasmo, suas apresentações não apenas informam, mas também cativam e transformam.

Lembre-se de que o sucesso de uma apresentação não está apenas no conteúdo, mas também na forma como ele é compartilhado. Demonstrar empatia com seu público, adaptar sua linguagem ao contexto e convidar à interação são passos que criam um vínculo poderoso entre você e sua audiência.

Com prática e refinamento contínuos, apresentar ideias se torna uma habilidade que transcende o palco ou a sala de reuniões. É uma ferramenta de influência, inovação e liderança que pode abrir caminhos inesperados e inspirar pessoas a agir. Abrace cada apresentação como uma oportunidade de deixar sua marca e de levar suas ideias a novos horizontes.

Lei 31
Gerencie Expectativas

Gerenciar expectativas é uma habilidade essencial para construir relacionamentos harmoniosos, evitar conflitos e alcançar resultados positivos em diversas áreas da vida. Quando expectativas são estabelecidas e comunicadas de forma clara e realista, cria-se um ambiente de confiança, colaboração e entendimento mútuo, essencial para o sucesso de projetos, negociações e relações pessoais.

A base para gerenciar expectativas começa com a definição clara de metas, papéis e recursos. Comunique o que pode ser alcançado e de que forma, garantindo que todos os envolvidos estejam alinhados. Além disso, uma comunicação assertiva, combinada com a escuta ativa, permite que as expectativas de cada pessoa sejam compreendidas e ajustadas conforme necessário, promovendo um clima de respeito e empatia.

Em situações onde expectativas se mostram irrealistas, a habilidade de negociar e redefinir metas se torna crucial. Esse processo não apenas minimiza a frustração, mas também reforça a confiança e a disposição para resolver problemas de forma construtiva. Celebrar os sucessos e fornecer feedback regular sobre o progresso são práticas que fortalecem os relacionamentos e incentivam um alinhamento contínuo.

Gerenciar expectativas não é apenas uma questão de organização, mas de criar conexões humanas baseadas na transparência e na confiança. Essa habilidade promove um ambiente onde todos se sentem valorizados e comprometidos, aumentando a satisfação, a produtividade e o bem-estar geral.

Vantagens Pessoais:

Redução de conflitos: Gerenciar expectativas minimiza o risco de conflitos e mal-entendidos, pois garante que todas as partes envolvidas estejam na mesma página em relação aos objetivos, responsabilidades e resultados esperados.

Construção de confiança: A comunicação transparente e a definição de expectativas claras fortalecem a confiança nos relacionamentos, sejam eles profissionais ou pessoais.

Melhoria da comunicação: Gerenciar expectativas estimula uma comunicação mais aberta e honesta, permitindo que as pessoas expressem suas necessidades e preocupações de forma mais clara.

Aumento da satisfação: Definir expectativas realistas e alcançá-las aumenta a satisfação de todos os envolvidos, seja em um projeto, um relacionamento ou uma negociação.

Melhoria da produtividade: No ambiente de trabalho, gerenciar expectativas aumenta a produtividade, pois garante que todos estejam alinhados com os objetivos e prazos do projeto.

Redução do estresse: Gerenciar expectativas reduz o estresse e a ansiedade, pois evita a frustração e a decepção causadas por expectativas irrealistas ou mal comunicadas.

Métodos de Aplicação:

1. Estabeleça expectativas claras:

Defina objetivos e metas: Seja específico ao definir objetivos e metas, utilizando critérios mensuráveis e prazos realistas.

Esclareça papéis e responsabilidades: Defina claramente os papéis e responsabilidades de cada pessoa envolvida em um projeto ou relacionamento.

Comunique os recursos disponíveis: Seja transparente sobre os recursos disponíveis, como tempo, dinheiro e pessoal, para evitar expectativas irrealistas.

2. Comunique as expectativas de forma assertiva:

Comunicação aberta e honesta: Comunique suas expectativas de forma clara, concisa e respeitosa, utilizando uma linguagem assertiva que expresse suas necessidades sem agredir o outro.

Escuta ativa: Esteja atento às expectativas dos outros, ouvindo com atenção e buscando compreender seus pontos de vista.

Feedback regular: Forneça feedback regular sobre o andamento das atividades e o cumprimento das expectativas, para que todos estejam cientes do progresso e possam fazer ajustes quando necessário.

3. Lide com expectativas irrealistas:

Negociação e flexibilidade: Esteja aberto a negociar e redefinir expectativas quando elas se mostrarem irrealistas ou inatingíveis.

Comunicação assertiva: Explique com clareza e respeito os motivos pelos quais certas expectativas não podem ser atendidas, oferecendo alternativas e soluções viáveis.

Gerenciamento de conflitos: Esteja preparado para lidar com conflitos e frustrações que possam surgir quando as expectativas não forem atendidas, buscando soluções construtivas e mantendo o foco no relacionamento.

4. Construa relacionamentos baseados na confiança:

Cumpra suas promessas: Seja consistente em suas ações e cumpra suas promessas, para construir uma reputação de confiabilidade e credibilidade.

Demonstre empatia: Coloque-se no lugar do outro e tente compreender suas expectativas e necessidades, demonstrando empatia e consideração.

Celebre os sucessos: Reconheça e celebre os sucessos alcançados em conjunto, reforçando a importância da colaboração e da confiança mútua.

Guia Passo a Passo para Aplicar a Lei "Gerencie Expectativas":

1 - Defina expectativas claras e realistas: Utilize critérios mensuráveis e prazos definidos.

2 - Comunique as expectativas de forma assertiva: Seja claro, conciso e respeitoso.

3 - Lide com expectativas irrealistas: Negocie, seja flexível e comunique-se assertivamente.

4 - Construa relacionamentos baseados na confiança: Cumpra suas promessas, demonstre empatia e celebre os sucessos.

Ajustes caso o Resultado Esperado não Ocorra:

Se houver conflitos ou mal-entendidos: Revise as expectativas estabelecidas, clarifique os pontos de divergência e reforce a comunicação entre as partes envolvidas.

Se as expectativas não forem atendidas: Analise os motivos do descumprimento, reajuste as expectativas se necessário e busque soluções construtivas para reverter a situação.

Se a confiança for quebrada: Assuma a responsabilidade por seus erros, peça desculpas e tome medidas concretas para recuperar a confiança perdida.

Exemplos:

Um gerente que define claramente as metas e responsabilidades de sua equipe, e fornece feedback regular sobre o desempenho de cada membro.

Um casal que discute abertamente suas expectativas em relação ao relacionamento, como a divisão de tarefas domésticas, o tempo dedicado ao casal e os planos para o futuro.

Um profissional liberal que define prazos e orçamentos claros com seus clientes, e mantém uma comunicação transparente sobre o andamento do trabalho.

O gerenciamento de expectativas é uma prática que vai além da comunicação; é um compromisso com a clareza, a empatia e a responsabilidade. Quando você define metas realistas, comunica-se de forma assertiva e cumpre suas promessas, constrói relacionamentos sólidos e promove um ambiente de colaboração e confiança.

Lembre-se de que expectativas não são estáticas. À medida que circunstâncias mudam, a flexibilidade para renegociar e ajustar objetivos é essencial para manter o alinhamento entre as partes envolvidas. A habilidade de lidar com desafios, proporcionar soluções e celebrar os sucessos alcançados fortalece a dinâmica de qualquer interação, seja pessoal ou profissional.

Praticar o gerenciamento de expectativas é um caminho para reduzir conflitos, aumentar a produtividade e criar conexões mais profundas. Ao abraçar essa prática, você estabelece uma base de confiança que inspira resultados positivos e duradouros. Seja claro, consistente e empático, e veja como gerenciar expectativas transforma suas relações e conquistas.

Lei 32
Construa Consenso

Construir consenso é uma habilidade indispensável para resolver conflitos, tomar decisões eficazes e promover a colaboração em qualquer ambiente. Seja em um grupo de trabalho, em uma comunidade ou entre nações, o consenso é a base para alcançar soluções sustentáveis que considerem as necessidades e interesses de todos os envolvidos. Ele vai além de simples acordos; é um processo que fortalece relações, estimula a criatividade e cria um ambiente de confiança e respeito mútuo.

A construção de consenso começa com o diálogo construtivo. Criar um espaço seguro, onde todos se sintam à vontade para expressar suas ideias, é essencial para que o processo seja produtivo. Ouvir ativamente e manter o foco na busca por soluções mutuamente benéficas são atitudes que demonstram respeito e engajamento, estabelecendo as bases para um entendimento comum.

Além disso, o consenso depende da identificação de interesses compartilhados. Ao explorar diferentes perspectivas e encontrar pontos de convergência, é possível criar opções que beneficiem todas as partes, promovendo um senso de colaboração e pertencimento. Gerenciar conflitos de forma empática e facilitar a comunicação entre os envolvidos também são práticas fundamentais para superar barreiras e garantir que o diálogo permaneça construtivo.

Construir consenso não é apenas uma técnica; é um compromisso com a cooperação e a harmonia. Ao adotar essa abordagem, você não apenas resolve problemas, mas também cria um ambiente em que a confiança, a criatividade e a motivação floresçam.

Vantagens Pessoais:

Resolução de conflitos: Construir consenso permite resolver conflitos de forma pacífica e construtiva, encontrando soluções que satisfaçam a todos os envolvidos e evitando disputas e rupturas.

Fortalecimento de relacionamentos: O processo de construção de consenso fortalece os relacionamentos interpessoais, promovendo a confiança, o respeito mútuo e a colaboração.

Melhoria da comunicação: A busca por consenso estimula o diálogo e a comunicação aberta e honesta, criando um ambiente onde as pessoas se sentem à vontade para expressar suas ideias e opiniões.

Tomada de decisão mais eficaz: Decisões tomadas por consenso tendem a ser mais eficazes e sustentáveis, pois levam em consideração as necessidades e perspectivas de todos os envolvidos.

Aumento da motivação e engajamento: Quando as pessoas se sentem parte do processo de tomada de decisão, sua motivação e engajamento aumentam, o que contribui para uma maior produtividade e sucesso.

Criação de soluções mais criativas e inovadoras: A diversidade de opiniões e perspectivas no processo de construção de consenso estimula a criatividade e a busca por soluções mais inovadoras.

Métodos de Aplicação:

1. Promova o diálogo construtivo:

Crie um ambiente seguro e respeitoso: Garanta que todas as pessoas se sintam à vontade para expressar suas ideias e opiniões sem medo de julgamentos ou críticas.

Ouça ativamente: Preste atenção genuína ao que os outros têm a dizer, buscando compreender suas perspectivas e necessidades.

Faça perguntas esclarecedoras: Faça perguntas para esclarecer dúvidas, aprofundar a discussão e incentivar a participação de todos.

Mantenha o foco na solução: Concentre-se em encontrar soluções que atendam aos interesses de todos, em vez de se apegar a posições individuais ou defender interesses próprios.

2. Identifique interesses comuns:

Explore os diferentes pontos de vista: Analise as diferentes perspectivas e busque compreender os interesses e as necessidades de cada pessoa ou grupo envolvido.

Encontre pontos de convergência: Identifique os pontos em que as pessoas concordam e utilize-os como base para construir um consenso.

Crie opções mutuamente benéficas: Explore diferentes opções e busque soluções que atendam aos interesses de todos, criando um ganha-ganha para todos os envolvidos.

3. Gerencie conflitos de forma construtiva:

Reconheça e valide as emoções: Reconheça e valide as emoções das pessoas envolvidas no conflito, demonstrando empatia e compreensão.

Facilite a comunicação: Aja como um mediador, facilitando a comunicação entre as partes e incentivando o diálogo respeitoso e construtivo.

Busque soluções criativas: Explore diferentes opções e busque soluções criativas que possam atender às necessidades de todos, mesmo que sejam diferentes das soluções iniciais.

4. Crie um ambiente de colaboração:

Promova a confiança e o respeito mútuo: Crie um ambiente onde as pessoas se sintam confortáveis para compartilhar suas ideias, opiniões e preocupações, sem medo de julgamentos ou retaliações.

Incentive a participação de todos: Garanta que todas as pessoas tenham a oportunidade de contribuir para o processo de tomada de decisão, valorizando a diversidade de perspectivas e experiências.

Celebre os acordos e os resultados alcançados: Reconheça e celebre os acordos e os resultados alcançados em conjunto, reforçando a importância da colaboração e do trabalho em equipe.

Guia Passo a Passo para Aplicar a Lei "Construa Consenso":

1 - Promova o diálogo construtivo: Crie um ambiente seguro e respeitoso, ouça ativamente, faça perguntas esclarecedoras e mantenha o foco na solução.

2 - Identifique interesses comuns: Explore os diferentes pontos de vista, encontre pontos de convergência e crie opções mutuamente benéficas.

3 - Gerencie conflitos de forma construtiva: Reconheça e valide as emoções, facilite a comunicação e busque soluções criativas.

4 - Crie um ambiente de colaboração: Promova a confiança, incentive a participação e celebre os acordos e resultados.

Ajustes caso o Resultado Esperado não Ocorra:

Se o consenso não for alcançado: Revise o processo, identifique os pontos de discordância e busque novas formas de negociação e mediação.

Se houver resistência de algumas pessoas: Procure entender as razões da resistência, dialogue individualmente e busque formas de incluir suas perspectivas no processo.

Se o acordo não for cumprido: Reforce a importância do compromisso e da responsabilidade de cada um, e busque mecanismos de monitoramento e avaliação para garantir o cumprimento do acordo.

Exemplos:

Uma equipe de trabalho que se reúne para definir as metas e os prazos de um projeto, buscando o consenso sobre as prioridades e a divisão de tarefas.

Uma comunidade que se organiza para discutir e decidir sobre a implementação de um projeto de melhoria do bairro, buscando o consenso sobre as necessidades e os interesses de todos os moradores.

Um grupo de países que negocia um acordo internacional sobre questões ambientais, buscando o consenso sobre as metas de redução de emissões e as ações para combater as mudanças climáticas.

A construção de consenso é mais do que alcançar acordos; é um processo de conexão, compreensão e colaboração. Quando você promove um diálogo respeitoso, identifica interesses comuns e busca soluções criativas, cria um ambiente em que as pessoas se sentem valorizadas e motivadas a contribuir.

Embora o consenso nem sempre seja fácil de alcançar, o esforço vale a pena. Ele fortalece relacionamentos, gera decisões mais eficazes e estimula o engajamento de todos os envolvidos. Lembre-se de que a chave para o consenso está na empatia, na comunicação clara e na disposição de ouvir e considerar diferentes perspectivas.

Ao celebrar os sucessos alcançados em conjunto, você reforça a importância da cooperação e inspira confiança para futuras colaborações. Adotar a prática de construir consenso transforma desafios em oportunidades e relações em parcerias duradouras, criando um impacto positivo e duradouro no ambiente ao seu redor.

Lei 33
Lidere Equipes

Liderar equipes é uma das responsabilidades mais desafiadoras e recompensadoras de qualquer jornada profissional ou pessoal. Um líder eficaz não apenas guia sua equipe rumo a objetivos ambiciosos, mas também inspira, apoia e cria um ambiente em que todos os membros se sintam valorizados e motivados a dar o melhor de si.

A essência da liderança de equipes está na construção de relacionamentos baseados na confiança e no respeito mútuo. Comunicação aberta, reconhecimento de contribuições e a capacidade de demonstrar empatia são elementos fundamentais para criar conexões genuínas com os membros da equipe. Além disso, uma liderança eficaz requer uma visão clara que inspire e mobilize as pessoas, transformando metas em um propósito coletivo.

A delegação estratégica e o empoderamento são igualmente cruciais. Permitir que a equipe tenha autonomia para tomar decisões e contribuir ativamente reforça a confiança e promove um ambiente colaborativo. Ao mesmo tempo, uma comunicação clara e constante mantém todos alinhados, enquanto a resolução proativa de conflitos garante que a harmonia e a produtividade sejam preservadas.

Liderar uma equipe com sucesso exige dedicação, habilidades interpessoais e uma visão estratégica. Quando bem conduzida, essa prática não apenas impulsiona os resultados, mas também promove crescimento pessoal e coletivo, deixando um impacto duradouro tanto para o líder quanto para a equipe.

Vantagens Pessoais:

Alcance de objetivos ambiciosos: Liderar equipes eficazes permite alcançar objetivos mais ambiciosos e complexos, que seriam impossíveis de serem alcançados individualmente.

Desenvolvimento de habilidades de liderança: A prática da liderança desenvolve habilidades essenciais como comunicação, negociação, tomada de decisão, resolução de conflitos e motivação.

Crescimento profissional: Liderar equipes com sucesso abre portas para o crescimento profissional, reconhecimento e oportunidades de liderança em níveis mais altos.

Aumento da influência: Líderes eficazes exercem grande influência sobre as pessoas ao seu redor, inspirando confiança, respeito e admiração.

Construção de relacionamentos fortes: Liderar equipes envolve a construção de relacionamentos fortes e duradouros, baseados na confiança, no respeito mútuo e na colaboração.

Realização pessoal: Liderar uma equipe de sucesso traz uma grande sensação de realização pessoal e contribui para o desenvolvimento de propósito e significado na vida.

Métodos de Aplicação:

1. Construa relacionamentos de confiança:

Comunicação aberta e honesta: Comunique-se com sua equipe de forma clara, transparente e respeitosa, criando um ambiente onde as pessoas se sintam à vontade para expressar suas ideias e opiniões.

Demonstre confiança em sua equipe: Confie nas habilidades e no potencial de cada membro da equipe, delegando responsabilidades e oferecendo autonomia para que eles possam desenvolver seu trabalho da melhor forma possível.

Esteja presente e disponível: Dedique tempo para conhecer cada membro da equipe individualmente, esteja disponível para ouvir suas preocupações e oferecer suporte quando necessário.

Reconheça e valorize as contribuições: Reconheça e celebre as contribuições de cada membro da equipe, demonstrando gratidão e valorização pelo seu trabalho.

2. Defina uma visão clara e inspire sua equipe:

Compartilhe sua visão: Comunique claramente a visão e os objetivos da equipe, explicando como o trabalho de cada um contribui para o sucesso do grupo.

Inspire e motive: Utilize sua paixão e entusiasmo para inspirar e motivar sua equipe, criando um senso de propósito e pertencimento.

Lidere pelo exemplo: Seja um modelo a ser seguido, demonstrando comprometimento, dedicação e ética em suas ações e decisões.

3. Delegue responsabilidades e empodere sua equipe:

Delegue tarefas de forma eficaz: Atribua tarefas e responsabilidades de acordo com as habilidades e experiências de cada membro da equipe, oferecendo oportunidades de crescimento e desenvolvimento.

Ofereça autonomia e suporte: Dê autonomia para que sua equipe tome decisões e execute suas tarefas com liberdade, mas esteja disponível para oferecer suporte e orientação quando necessário.

Promova a colaboração: Incentive o trabalho em equipe, a troca de ideias e a colaboração entre os membros da equipe, criando um ambiente de apoio mútuo e aprendizado contínuo.

4. Comunique-se com clareza e eficácia:

Comunicação transparente: Mantenha uma comunicação aberta e transparente com sua equipe, compartilhando informações relevantes, feedback e expectativas de forma clara e concisa.

Ouça ativamente: Esteja atento às necessidades, ideias e preocupações de sua equipe, demonstrando empatia e buscando compreender seus pontos de vista.

Utilize diferentes canais de comunicação: Utilize diferentes canais de comunicação, como reuniões, emails, mensagens instantâneas e plataformas online, para garantir que a informação chegue a todos de forma eficaz.

5. Gerencie conflitos e promova a harmonia:

Identifique e resolva conflitos: Esteja atento aos conflitos que possam surgir na equipe e aja de forma proativa para resolvê-los de forma justa e construtiva.

Promova a colaboração e o respeito: Crie um ambiente de trabalho positivo e colaborativo, onde o respeito mútuo e a tolerância sejam valorizados.

Incentive a resolução pacífica de conflitos: Estimule a equipe a resolver conflitos de forma autônoma e pacífica, oferecendo suporte e mediação quando necessário.

Guia Passo a Passo para Aplicar a Lei "Lidere Equipes":

1 - Construa relacionamentos de confiança: Comunique-se abertamente, demonstre confiança, esteja presente e reconheça as contribuições.

2 - Defina uma visão e inspire: Compartilhe sua visão, inspire e motive, e lidere pelo exemplo.

3 - Delegue e empodere: Delegue tarefas, ofereça autonomia e promova a colaboração.

4 - Comunique-se com clareza: Seja transparente, ouça ativamente e utilize diferentes canais de comunicação.

5 - Gerencie conflitos: Identifique e resolva conflitos, promova a colaboração e o respeito, e incentive a resolução pacífica.

Ajustes caso o Resultado Esperado não Ocorra:

Se a equipe não estiver engajada: Revise sua estratégia de liderança, busque feedback da equipe e faça os ajustes necessários para aumentar a motivação e o comprometimento.

Se houver conflitos constantes: Analise as causas dos conflitos, implemente estratégias de resolução de conflitos e promova um ambiente de trabalho mais positivo e colaborativo.

Se os resultados não forem satisfatórios: Revise as metas e objetivos da equipe, ofereça treinamento e desenvolvimento para os membros da equipe, e busque formas de otimizar os processos de trabalho.

Exemplos:

Um líder de projeto que inspira sua equipe com uma visão clara do projeto, delega responsabilidades de forma eficaz e celebra os sucessos alcançados em conjunto.

Um treinador esportivo que motiva seus atletas, promove o espírito de equipe e os guia para a vitória em uma competição.

Um maestro que conduz sua orquestra com precisão e paixão, inspirando cada músico a dar o seu melhor para criar uma performance harmoniosa e impactante.

A liderança de equipes é uma jornada que combina estratégia, empatia e inspiração. Ao construir relacionamentos de confiança, comunicar uma visão clara e promover a colaboração, você cria um ambiente onde cada membro da equipe pode prosperar e contribuir para o sucesso coletivo.

Lembre-se de que um líder eficaz não é apenas aquele que comanda, mas aquele que ouve, apoia e valoriza cada indivíduo. A capacidade de gerenciar conflitos de forma construtiva e de celebrar os sucessos alcançados em conjunto fortalece o espírito de equipe e inspira um comprometimento duradouro.

Ao liderar com integridade e paixão, você não apenas alcança metas, mas também transforma sua equipe em uma força coesa e motivada. Continue refinando suas habilidades de liderança e descobrindo novas formas de capacitar sua equipe a alcançar grandes feitos. Liderar é mais do que guiar; é construir um legado de confiança, colaboração e excelência.

Lei 34
Gerencie Conflitos

Gerenciar conflitos é uma habilidade essencial para construir relacionamentos saudáveis, promover harmonia e alcançar soluções eficazes em situações de desacordo. Conflitos são inevitáveis em qualquer ambiente onde diferentes perspectivas, necessidades e interesses coexistem. No entanto, quando tratados de forma construtiva, eles podem se transformar em oportunidades de aprendizado, inovação e fortalecimento de laços interpessoais.

A base para o gerenciamento eficaz de conflitos está na identificação de suas causas. Entender os interesses e motivações por trás do desacordo permite que as partes envolvidas encontrem pontos em comum e trabalhem juntas para alcançar uma solução. A comunicação assertiva desempenha um papel central nesse processo, garantindo que necessidades e sentimentos sejam expressos de forma clara e respeitosa, enquanto a escuta ativa promove compreensão e empatia.

Negociar soluções que beneficiem a todos é um dos pilares para resolver conflitos de maneira produtiva. Essa abordagem não apenas minimiza tensões, mas também cria um ambiente de colaboração e confiança. Além disso, o uso de ferramentas como a mediação e a comunicação não-violenta pode facilitar o diálogo em situações mais complexas, garantindo que o processo seja conduzido com respeito e equilíbrio.

Gerenciar conflitos não é apenas uma prática funcional, mas uma demonstração de maturidade emocional e liderança. Quando essa habilidade é desenvolvida e aplicada, ela contribui para a criação de ambientes mais pacíficos, produtivos e gratificantes.

Vantagens Pessoais:

Melhoria dos relacionamentos: Gerenciar conflitos de forma construtiva fortalece os relacionamentos, aumentando a confiança, o respeito mútuo e a intimidade entre as pessoas.

Crescimento pessoal e profissional: Aprender a lidar com conflitos de forma saudável promove o crescimento pessoal e profissional, desenvolvendo habilidades de comunicação, negociação e resolução de problemas.

Redução do estresse: Gerenciar conflitos de forma eficaz reduz o estresse e a ansiedade associados a situações de tensão e desacordo.

Aumento da produtividade: No ambiente de trabalho, a resolução construtiva de conflitos aumenta a produtividade, evitando perda de tempo e energia com disputas e discussões improdutivas.

Criação de soluções inovadoras: Conflitos, quando bem gerenciados, podem levar à criação de soluções mais criativas e inovadoras, pois incentivam a busca por novas perspectivas e alternativas.

Promoção de um ambiente de paz: Aprender a gerenciar conflitos contribui para a criação de um ambiente mais pacífico e harmonioso, tanto em casa quanto no trabalho e na sociedade em geral.

Métodos de Aplicação:

1. Identifique as causas do conflito:

Analise a situação: Investigue a fundo as causas do conflito, identificando os interesses, necessidades e perspectivas de cada parte envolvida.

Comunique-se abertamente: Dialogue com as pessoas envolvidas no conflito, fazendo perguntas esclarecedoras e buscando compreender seus pontos de vista.

Identifique os pontos de discordância: Esclareça os pontos de discordância e os objetivos conflitantes que estão na raiz do conflito.

2. Comunique-se de forma assertiva:

Expresse suas necessidades e sentimentos: Comunique suas necessidades, sentimentos e opiniões de forma clara, direta e respeitosa, sem agredir ou culpar o outro.

Ouça ativamente: Preste atenção ao que o outro tem a dizer, demonstrando empatia e buscando compreender seu ponto de vista.

Mantenha o controle emocional: Respire fundo, mantenha a calma e evite reagir impulsivamente em momentos de tensão.

3. Negocie soluções mutuamente aceitáveis:

Busque o ganha-ganha: Procure por soluções que atendam aos interesses de todas as partes envolvidas, criando um cenário onde todos se sintam vencedores.

Seja flexível e aberto a concessões: Esteja disposto a ceder em alguns pontos e a considerar diferentes alternativas para chegar a um acordo satisfatório para todos.

Encontre pontos em comum: Concentre-se nos pontos em que as pessoas concordam e utilize-os como base para construir uma solução conjunta.

4. Crie um ambiente de respeito e compreensão:

Promova a empatia: Incentive as pessoas a se colocarem no lugar do outro, para que possam compreender suas perspectivas e motivações.

Valorize a diversidade: Reconheça e valorize a diversidade de opiniões e perspectivas, entendendo que o conflito pode ser uma fonte de aprendizado e crescimento.

Construa pontes de comunicação: Facilite o diálogo e a comunicação entre as partes envolvidas, criando um ambiente onde todos se sintam à vontade para expressar suas ideias e sentimentos.

5. Utilize ferramentas de resolução de conflitos:

Mediação: Se o conflito for muito intenso ou se as partes envolvidas tiverem dificuldade em se comunicar de forma construtiva, busque a ajuda de um mediador imparcial para facilitar o diálogo e a negociação.

Negociação: Utilize técnicas de negociação para chegar a um acordo que satisfaça os interesses de todos os envolvidos.

Comunicação não-violenta: Pratique a comunicação não-violenta (CNV), que se baseia na empatia, na expressão autêntica dos sentimentos e na formulação de pedidos claros e específicos.

Guia Passo a Passo para Aplicar a Lei "Gerencie Conflitos":

1 - Identifique as causas: Analise a situação, comunique-se abertamente e identifique os pontos de discordância.

2 - Comunique-se assertivamente: Expresse suas necessidades, ouça ativamente e mantenha o controle emocional.

3 - Negocie soluções: Busque o ganha-ganha, seja flexível e encontre pontos em comum.

4 - Crie um ambiente de respeito: Promova a empatia, valorize a diversidade e construa pontes de comunicação.

5 - Utilize ferramentas: Considere a mediação, a negociação e a comunicação não-violenta.

Ajustes caso o Resultado Esperado não Ocorra:

Se o conflito persistir: Busque novas formas de abordar o problema, experimente diferentes técnicas de resolução de conflitos e considere a possibilidade de se afastar da situação por um tempo.

Se você se sentir intimidado ou ameaçado: Proteja-se e busque o apoio de pessoas de confiança ou de autoridades competentes.

Se o conflito escalar para a violência: Afaste-se da situação imediatamente e busque ajuda profissional para lidar com o trauma e evitar que a situação se repita.

Exemplos:

Dois colegas de trabalho que discordam sobre a melhor forma de realizar um projeto: Em vez de discutirem, eles se reúnem para conversar abertamente sobre suas ideias, ouvir os argumentos um do outro e buscar uma solução que atenda às necessidades de ambos.

Um casal que está passando por uma crise no relacionamento: Eles buscam a ajuda de um terapeuta de casal para aprender a se comunicar de forma mais eficaz, resolver conflitos de forma construtiva e fortalecer seus laços.

Dois países que estão em conflito por questões territoriais: Eles iniciam um processo de negociação com a mediação de um organismo internacional, buscando uma solução pacífica e duradoura para o conflito.

Gerenciar conflitos é uma arte que exige empatia, comunicação e disposição para encontrar soluções que atendam às necessidades de todos os envolvidos. Ao identificar as causas do conflito, comunicar-se de forma assertiva e buscar o ganha-ganha, você transforma tensões em oportunidades de crescimento e entendimento.

Conflitos bem gerenciados não apenas resolvem problemas imediatos, mas também fortalecem os relacionamentos e promovem um ambiente de respeito e colaboração. Lembre-se de que a diversidade de opiniões pode ser uma fonte de aprendizado e inovação, desde que seja abordada com abertura e disposição para dialogar.

Praticar o gerenciamento de conflitos é uma forma de promover harmonia e construir conexões mais profundas em todas as áreas da vida. Ao adotar essa prática, você demonstra liderança e maturidade, criando um impacto positivo tanto em suas interações pessoais quanto profissionais. Faça do conflito uma oportunidade de união, e não de separação.

Lei 35
Promova Colaboração

Promover a colaboração é essencial para criar ambientes produtivos, inovadores e harmoniosos. A colaboração vai além do simples trabalho em equipe; ela envolve a integração de diferentes perspectivas, habilidades e ideias em um esforço conjunto para alcançar objetivos comuns. Quando as pessoas trabalham juntas de forma eficaz, elas não apenas superam desafios com mais facilidade, mas também geram resultados mais criativos e impactantes.

Uma cultura de colaboração começa com a construção de confiança e comunicação transparente. Criar um ambiente onde as pessoas se sintam respeitadas, valorizadas e encorajadas a compartilhar suas ideias é a base para o sucesso colaborativo. Além disso, valorizar a diversidade de experiências e habilidades contribui para enriquecer as discussões e encontrar soluções inovadoras.

O uso de ferramentas e tecnologias modernas pode facilitar ainda mais a colaboração, permitindo que equipes trabalhem de forma integrada, independentemente de suas localizações físicas. Sessões de brainstorming, plataformas de comunicação e ferramentas de gerenciamento de projetos são recursos que tornam o trabalho colaborativo mais dinâmico e eficiente.

Promover a colaboração não é apenas uma estratégia para aumentar a produtividade, mas também para fortalecer os laços interpessoais e criar uma cultura de aprendizado contínuo. Quando as pessoas se sentem parte de um esforço coletivo, elas se tornam mais engajadas, motivadas e comprometidas com o sucesso do grupo.

Vantagens Pessoais:

Aumento da produtividade e eficiência: A colaboração permite que as pessoas trabalhem de forma mais eficiente, compartilhando tarefas, aproveitando as habilidades de cada um e evitando a duplicação de esforços.

Geração de soluções mais criativas e inovadoras: A troca de ideias e perspectivas entre pessoas com diferentes experiências e conhecimentos estimula a criatividade e a inovação, levando a soluções mais eficazes e originais.

Melhoria da comunicação e dos relacionamentos: A colaboração promove a comunicação aberta e o diálogo construtivo, fortalecendo os relacionamentos interpessoais e criando um ambiente de trabalho mais positivo e produtivo.

Desenvolvimento de habilidades interpessoais: Trabalhar em conjunto com outras pessoas desenvolve habilidades interpessoais essenciais, como comunicação, negociação, empatia e liderança.

Aumento da motivação e do engajamento: A colaboração aumenta a motivação e o engajamento das pessoas, pois elas se sentem parte de um time e têm a oportunidade de contribuir para o sucesso do grupo.

Construção de uma cultura de compartilhamento e aprendizado: A colaboração promove uma cultura de compartilhamento de conhecimentos e aprendizado contínuo, beneficiando todos os envolvidos.

Métodos de Aplicação:

1. Construa uma cultura de colaboração:

Comunicação transparente: Crie um ambiente onde a comunicação seja aberta, honesta e transparente, incentivando o diálogo e a troca de informações entre todos os membros da equipe.

Confiança e respeito mútuo: Promova a confiança e o respeito mútuo entre os colaboradores, criando um ambiente onde todos se sintam à vontade para expressar suas ideias e opiniões sem medo de julgamentos.

Valorização da diversidade: Reconheça e valorize a diversidade de habilidades, experiências e perspectivas, entendendo que a diversidade enriquece o processo colaborativo e leva a soluções mais criativas.

Celebração dos sucessos em conjunto: Reconheça e celebre os sucessos da equipe como um todo, reforçando a importância da colaboração e do trabalho em conjunto.

2. Incentive a comunicação e o compartilhamento de ideias:

Brainstorming e sessões criativas: Promova sessões de brainstorming e outras atividades que estimulem a geração de ideias e o pensamento criativo em grupo.

Plataformas de comunicação eficazes: Utilize ferramentas de comunicação que facilitem a troca de ideias e informações entre os membros da equipe, como plataformas de mensagens instantâneas, videoconferência e ferramentas de gerenciamento de projetos.

Compartilhamento de conhecimentos e experiências: Incentive o compartilhamento de conhecimentos, experiências e melhores práticas entre os membros da equipe, através de apresentações, workshops e mentoria.

3. Utilize ferramentas e tecnologias que facilitem a colaboração:

Ferramentas de gerenciamento de projetos: Utilize ferramentas de gerenciamento de projetos que permitam que a equipe planeje, organize, acompanhe e execute tarefas em conjunto, de forma transparente e eficiente.

Plataformas de colaboração online: Explore plataformas de colaboração online que permitam que a equipe trabalhe em documentos compartilhados, edite arquivos simultaneamente e se comunique em tempo real.

Redes sociais corporativas: Utilize redes sociais corporativas para facilitar a comunicação interna, o compartilhamento de informações e a construção de uma comunidade colaborativa.

Guia Passo a Passo para Aplicar a Lei "Promova Colaboração":

1 - Construa uma cultura de colaboração: Comunique-se transparentemente, promova a confiança, valorize a diversidade e celebre os sucessos em conjunto.

2 - Incentive a comunicação e o compartilhamento: Promova brainstormings, utilize plataformas de comunicação eficazes e incentive o compartilhamento de conhecimentos.

3 - Utilize ferramentas e tecnologias: Explore ferramentas de gerenciamento de projetos, plataformas de colaboração online e redes sociais corporativas.

Ajustes caso o Resultado Esperado não Ocorra:

Se a colaboração for baixa: Analise as possíveis causas, como falta de confiança, comunicação ineficaz ou falta de clareza nos objetivos. Implemente medidas para abordar esses problemas e promover um ambiente mais colaborativo.

Se houver conflitos entre os membros da equipe: Aja como um mediador, facilitando a comunicação e buscando soluções que atendam aos interesses de todos.

Se a equipe não estiver utilizando as ferramentas de colaboração de forma eficaz: Ofereça treinamento e suporte para o uso das ferramentas, e crie incentivos para que a equipe as utilize de forma mais ativa.

Exemplos:

Uma equipe de desenvolvedores que trabalha em conjunto em um projeto de software, utilizando uma plataforma de colaboração online para compartilhar código, testar funcionalidades e se comunicar em tempo real.

Uma equipe de marketing que realiza um brainstorming para gerar ideias para uma nova campanha publicitária, utilizando um quadro branco virtual para registrar e organizar as sugestões de todos.

Uma comunidade que se organiza através de um grupo online para discutir e implementar projetos de melhoria do bairro, como a criação de um parque ou a organização de um evento cultural.

A colaboração é uma força poderosa que transforma indivíduos em equipes coesas e eficazes. Ao promover um ambiente de confiança, valorizar a diversidade e utilizar tecnologias que facilitem o trabalho conjunto, você cria as condições ideais para que as pessoas alcancem mais juntas do que jamais poderiam sozinhas.

A chave para o sucesso colaborativo está na comunicação aberta, no compartilhamento de ideias e na celebração dos resultados alcançados em equipe. Cada vitória coletiva reforça o espírito de união e motiva os membros a continuarem contribuindo com entusiasmo.

Promover a colaboração não é apenas sobre atingir metas; é sobre construir conexões duradouras, criar um ambiente de aprendizado mútuo e fomentar uma cultura onde todos crescem juntos. Adote a colaboração como um princípio em sua vida pessoal e profissional, e veja como ela pode transformar desafios em oportunidades e esforços individuais em conquistas extraordinárias.

Lei 36
Celebre Conquistas

Celebrar conquistas é uma prática essencial para manter a motivação, reforçar a autoestima e criar um ambiente de positividade e reconhecimento. Em um mundo muitas vezes voltado para o próximo desafio, é importante pausar para reconhecer os esforços e comemorar as vitórias alcançadas. Esse ato, embora simples, tem o poder de transformar a forma como enxergamos nosso progresso e como nos relacionamos com os outros.

O reconhecimento de conquistas, sejam elas individuais ou coletivas, gera um impacto profundo. Para o indivíduo, reforça a confiança e a crença em suas capacidades. Para a equipe, fortalece os laços, promove a colaboração e cria uma cultura de valorização e pertencimento. Além disso, celebrar conquistas é uma forma de cultivar a gratidão — por nossas oportunidades, pelas pessoas que nos apoiam e pelo próprio caminho percorrido.

As celebrações não precisam ser grandiosas para serem significativas. Pequenos gestos, como elogios sinceros, recompensas simples ou momentos de reflexão compartilhada, podem ter um grande impacto. O importante é criar um hábito constante de reconhecimento, incorporando-o à rotina e aproveitando cada vitória como um impulso para alcançar novos objetivos.

A prática de celebrar conquistas vai além do momento festivo; é uma maneira de consolidar aprendizados, renovar a motivação e inspirar novas ações. Ao adotar esse hábito, você fortalece sua jornada pessoal e coletiva, transformando cada vitória em uma ponte para realizações ainda maiores.

Vantagens Pessoais:

Aumento da motivação: Celebrar as conquistas mantém a motivação elevada, reforçando a sensação de progresso e incentivando a busca por novos desafios.

Fortalecimento da autoestima: Reconhecer seus próprios sucessos e receber reconhecimento pelas suas conquistas fortalece a autoestima e a confiança em si mesmo.

Melhoria dos relacionamentos: Celebrar as conquistas dos outros fortalece os relacionamentos interpessoais, criando um ambiente de apoio, reconhecimento e positividade.

Cultivo da gratidão: Celebrar as conquistas estimula o sentimento de gratidão pelas oportunidades, pelas pessoas que o apoiam e pelas conquistas alcançadas.

Criação de uma cultura positiva: Celebrar conquistas contribui para a criação de uma cultura positiva e motivadora, tanto no ambiente de trabalho quanto na vida pessoal.

Aumento da felicidade e bem-estar: Celebrar os bons momentos e as vitórias aumenta a sensação de felicidade, bem-estar e realização pessoal.

Métodos de Aplicação:

1. Reconheça seus próprios sucessos:

Mantenha um diário de conquistas: Anote suas conquistas, grandes ou pequenas, em um diário ou aplicativo, para que você possa revisá-las e se lembrar de seus progressos.

Recompense-se: Ao alcançar uma meta ou objetivo, recompense-se com algo que lhe dê prazer, como um presente, uma viagem ou um momento de relaxamento.

Compartilhe suas conquistas: Compartilhe suas conquistas com pessoas próximas, como amigos, familiares e colegas, para receber apoio e reconhecimento.

2. Valorize as conquistas dos outros:

Ofereça elogios sinceros: Elogie as pessoas por suas conquistas, demonstrando reconhecimento e apreço por seus esforços e dedicação.

Celebre em conjunto: Organize pequenas comemorações para celebrar as conquistas da equipe, como um almoço especial, um happy hour ou um pequeno presente.

Crie um ambiente de reconhecimento: Implemente programas de reconhecimento no ambiente de trabalho, como prêmios de "funcionário do mês" ou murais de celebração de conquistas.

3. Crie uma cultura de celebração:

Incorpore a celebração na rotina: Crie o hábito de celebrar as conquistas regularmente, tanto as grandes vitórias quanto os pequenos progressos.

Promova eventos e atividades comemorativas: Organize eventos e atividades para celebrar datas especiais, marcos importantes e conquistas relevantes.

Utilize símbolos e rituais de celebração: Utilize símbolos e rituais que representem a celebração e o reconhecimento, como troféus, certificados, brindes e mensagens de agradecimento.

4. Transforme cada vitória em um impulso para o futuro:

Reflexão e aprendizado: Após a celebração, reflita sobre o caminho percorrido, as lições aprendidas e os fatores que contribuíram para o sucesso.

Renovação da motivação: Utilize a energia da celebração para renovar sua motivação e se lançar em direção a novos desafios e objetivos.

Compartilhamento de experiências: Compartilhe suas experiências de sucesso com outras pessoas, inspirando-as e motivando-as a alcançar seus próprios objetivos.

Guia Passo a Passo para Aplicar a Lei "Celebre Conquistas":

1 - Reconheça seus próprios sucessos: Mantenha um diário de conquistas, recompense-se e compartilhe suas vitórias.

2 - Valorize as conquistas dos outros: Ofereça elogios, celebre em conjunto e crie um ambiente de reconhecimento.

3 - Crie uma cultura de celebração: Incorpore a celebração na rotina, promova eventos e utilize símbolos.

4 - Transforme cada vitória em um impulso: Reflita, renove a motivação e compartilhe experiências.

Ajustes caso o Resultado Esperado não Ocorra:

Se você tiver dificuldade em reconhecer seus próprios sucessos: Pratique a autocompaixão, identifique seus pontos fortes e celebre suas conquistas, por menores que sejam.

Se você não se sentir motivado após uma celebração: Revise seus objetivos, busque novos desafios que o inspirem e crie um plano de ação para alcançar suas metas.

Se a cultura de celebração não se desenvolver: Reforce a importância do reconhecimento e da celebração, crie novas formas de celebrar as conquistas e lidere pelo exemplo, celebrando ativamente os sucessos da equipe.

Exemplos:

Uma equipe de vendas que bate a meta do mês e comemora com um jantar especial.

Um atleta que comemora sua vitória em uma competição com seus familiares e amigos.

Uma empresa que organiza um evento para celebrar seu aniversário e reconhecer a contribuição de seus funcionários.

Celebrar conquistas é uma oportunidade de reconhecer esforços, valorizar progressos e reforçar conexões. Seja no âmbito pessoal ou profissional, esse ato cria um ciclo positivo de motivação e realização, mostrando que cada passo dado merece ser comemorado.

Ao reconhecer suas próprias vitórias, você alimenta sua autoconfiança e se prepara para novos desafios. Ao valorizar as conquistas dos outros, você constrói relacionamentos mais fortes e inspira a colaboração. Incorporar a celebração à sua rotina fortalece uma cultura de positividade e aprendizado, tornando o caminho para os objetivos mais gratificante.

Lembre-se de que cada conquista, por menor que pareça, é um marco importante em sua trajetória. Celebre, reflita sobre suas realizações e use essa energia para mirar novos horizontes. Reconhecer o que foi conquistado é tão importante quanto planejar o que ainda está por vir. Faça da celebração uma prática constante e transforme suas vitórias em combustível para uma vida mais plena e significativa.

Lei 37
Ofereça Feedback

Oferecer feedback é uma ferramenta poderosa para promover o crescimento pessoal e profissional, melhorar relacionamentos e criar um ambiente de aprendizado contínuo. Quando feito de forma clara, respeitosa e construtiva, o feedback pode inspirar mudanças positivas, reconhecer esforços e corrigir desvios, beneficiando tanto quem o recebe quanto quem o oferece.

O feedback eficaz vai além de simplesmente apontar erros ou elogiar acertos. Ele deve ser objetivo, focado em comportamentos específicos e fundamentado em observações claras. Além disso, o equilíbrio entre aspectos positivos e sugestões de melhoria é essencial para garantir que a mensagem seja bem recebida e tenha um impacto duradouro.

Ao criar um ambiente de diálogo aberto e seguro, o feedback fortalece os relacionamentos, promove a confiança e incentiva a colaboração. Ele também desenvolve habilidades interpessoais, como comunicação, empatia e escuta ativa, que são indispensáveis para líderes, educadores e profissionais em qualquer área.

Quando o feedback é acompanhado por suporte contínuo e acompanhamento do progresso, ele deixa de ser uma simples troca de informações e se transforma em uma prática de mentoria e desenvolvimento. Essa abordagem garante que as sugestões sejam colocadas em prática e que os avanços sejam reconhecidos, criando um ciclo positivo de crescimento e aprendizado.

Vantagens Pessoais:

Melhoria do desempenho: O feedback construtivo permite que as pessoas identifiquem seus pontos fortes e fracos, e trabalhem para aprimorar suas habilidades e competências.

Aumento da motivação: O reconhecimento do bom trabalho e o incentivo à melhoria motivam as pessoas a se dedicarem mais e buscarem a excelência em suas atividades.

Fortalecimento dos relacionamentos: Oferecer feedback de forma sincera e respeitosa fortalece os relacionamentos interpessoais, criando um ambiente de confiança e colaboração.

Desenvolvimento da liderança: A capacidade de oferecer feedback eficaz é uma característica essencial de líderes que inspiram e motivam o crescimento de suas equipes.

Aprimoramento da comunicação: Oferecer e receber feedback aprimoram as habilidades de comunicação, promovendo o diálogo aberto e a escuta ativa.

Criação de uma cultura de aprendizado: O feedback contínuo contribui para a criação de uma cultura de aprendizado e melhoria contínua, beneficiando tanto indivíduos quanto organizações.

Métodos de Aplicação:

1. Prepare-se para oferecer o feedback:

Defina o objetivo: Tenha clareza sobre o objetivo do feedback e o que você deseja alcançar com ele. Você quer reconhecer um bom trabalho, corrigir um erro, oferecer sugestões de melhoria ou orientar o desenvolvimento de alguém?

Reúna informações específicas: Baseie seu feedback em fatos e observações concretas, evitando generalizações e julgamentos pessoais.

Escolha o momento e o local adequados: Ofereça o feedback em um momento oportuno, quando a pessoa estiver receptiva e disponível para ouvir, e em um ambiente privado e confortável.

2. Comunique-se com clareza e objetividade:

Seja específico e descreva comportamentos observáveis: Em vez de fazer julgamentos subjetivos, descreva os comportamentos específicos que você observou e o impacto que eles tiveram.

Utilize uma linguagem clara e direta: Evite jargões, expressões vagas e ambiguidades. Seja claro e objetivo em sua mensagem.

Concentre-se no comportamento, não na pessoa: Evite fazer críticas pessoais ou rotular a pessoa. Concentre-se no comportamento específico que você deseja abordar.

3. Ofereça feedback construtivo:

Equilibre os aspectos positivos e negativos: Comece reconhecendo os pontos fortes e aspectos positivos do desempenho da pessoa, e então aborde os pontos que precisam ser melhorados.

Foque no desenvolvimento: Ofereça sugestões concretas e específicas de como a pessoa pode melhorar seu desempenho e se desenvolver profissionalmente.

Demonstre empatia e suporte: Mostre que você se importa com o crescimento da pessoa e que está disponível para ajudá-la a alcançar seus objetivos.

4. Estimule o diálogo e a escuta ativa:

Faça perguntas abertas: Incentive a pessoa a expressar suas opiniões, dúvidas e perspectivas sobre o feedback recebido.

Ouça com atenção: Preste atenção à resposta da pessoa, demonstrando interesse e respeito por seus sentimentos e opiniões.

Esteja aberto ao diálogo: Esteja disposto a discutir o feedback e ajustar sua abordagem se necessário.

5. Acompanhe o progresso e ofereça suporte contínuo:

Combine próximos passos: Defina em conjunto os próximos passos a serem tomados para que a pessoa possa colocar em prática as sugestões de melhoria.

Ofereça suporte e mentoria: Esteja disponível para oferecer suporte e mentoria à pessoa em seu processo de desenvolvimento.

Monitore o progresso e forneça feedback adicional: Acompanhe o progresso da pessoa e forneça feedback adicional quando necessário, reconhecendo seus avanços e oferecendo novas sugestões de melhoria.

Guia Passo a Passo para Aplicar a Lei "Ofereça Feedback":

1 - Prepare-se: Defina o objetivo, reúna informações e escolha o momento e local adequados.

2 - Comunique-se com clareza: Seja específico, objetivo e concentre-se no comportamento.

3 - Ofereça feedback construtivo: Equilibre os aspectos positivos e negativos, foque no desenvolvimento e demonstre empatia.

4 - Estimule o diálogo: Faça perguntas abertas, ouça com atenção e esteja aberto ao diálogo.

5 - Acompanhe o progresso: Combine próximos passos, ofereça suporte e monitore o progresso.

Ajustes caso o Resultado Esperado não Ocorra:

Se a pessoa reagir de forma defensiva: Mantenha a calma, reafirme sua intenção positiva e foque em encontrar soluções em conjunto.

Se a pessoa não demonstrar interesse em mudar: Reforce a importância do feedback para seu desenvolvimento e ofereça suporte e recursos para ajudá-la a implementar as mudanças.

Se você se sentir desconfortável em oferecer feedback negativo: Pratique suas habilidades de comunicação, concentre-se nos fatos e lembre-se que o feedback construtivo é essencial para o crescimento e a melhoria.

Exemplos:

Um gerente que elogia um funcionário por seu bom desempenho em um projeto, e ao mesmo tempo sugere formas de aprimorar suas habilidades de apresentação.

Um professor que fornece feedback escrito em uma redação de um aluno, destacando os pontos positivos e sugerindo melhorias na organização e na argumentação.

Um amigo que oferece feedback sincero e construtivo sobre o comportamento de outro amigo, com o objetivo de ajudá-lo a melhorar seus relacionamentos.

Oferecer feedback é uma arte que requer clareza, empatia e intenção de promover o crescimento. Quando você equilibra o reconhecimento dos pontos fortes com sugestões construtivas de melhoria, cria uma oportunidade para que a pessoa evolua e alcance todo o seu potencial.

Lembre-se de que o feedback não é apenas uma crítica ou elogio, mas uma conversa que reforça a confiança e fortalece os laços interpessoais. O diálogo aberto e o acompanhamento contínuo garantem que as sugestões sejam implementadas de forma eficaz e que os avanços sejam reconhecidos.

Ao praticar a arte do feedback, você desenvolve sua própria habilidade de comunicação e liderança, enquanto contribui para a construção de um ambiente de aprendizado, respeito e colaboração. Ofereça feedback com intenção genuína e observe como essa prática transforma não apenas o desempenho dos outros, mas também a qualidade de suas interações e relacionamentos.

Lei 38
Inspire Ação

Inspirar ação é uma habilidade que transforma ideias em realidade e sonhos em conquistas. Seja em um contexto pessoal, profissional ou social, a capacidade de mobilizar pessoas para agir é uma característica marcante de líderes e visionários. Ao inspirar ação, você não apenas motiva os outros a perseguirem objetivos ambiciosos, mas também cria um impacto positivo duradouro em suas vidas e na comunidade ao redor.

Uma comunicação com propósito é o ponto de partida para inspirar ação. Ao articular uma visão clara e apaixonante, utilizando histórias impactantes e uma linguagem persuasiva, você desperta o entusiasmo e o comprometimento das pessoas. No entanto, a inspiração vai além das palavras: liderar pelo exemplo é fundamental. Demonstrar comprometimento, agir com consistência e compartilhar suas experiências cria um modelo a ser seguido, gerando confiança e admiração.

Construir conexões genuínas é outro elemento essencial. Ao mostrar empatia, valorizar talentos individuais e oferecer apoio, você fortalece os laços interpessoais e cria um ambiente em que as pessoas se sentem motivadas e valorizadas. Além disso, ao empoderar os outros com autonomia e responsabilidade, você desperta o potencial de cada indivíduo, transformando o grupo em uma força coletiva alinhada com um propósito maior.

Inspirar ação não é apenas sobre alcançar metas, mas também sobre despertar em cada pessoa o desejo e a coragem de fazer a diferença. Essa habilidade transforma desafios em oportunidades e equipes em comunidades engajadas, criando um impacto que ressoa além do momento presente.

Vantagens Pessoais:

Realização de objetivos: Inspirar ação nas pessoas aumenta as chances de transformar ideias em realidade e alcançar objetivos ambiciosos, sejam eles pessoais, profissionais ou sociais.

Construção de equipes de alto desempenho: Líderes que inspiram ação criam equipes mais motivadas, engajadas e produtivas, impulsionando o sucesso coletivo.

Aumento da influência e liderança: A capacidade de inspirar ação fortalece sua influência e liderança, tornando você uma referência para as pessoas ao seu redor.

Fortalecimento de relacionamentos: Inspirar ação cria laços mais fortes entre as pessoas, baseados na confiança, no respeito mútuo e na busca por um propósito comum.

Crescimento pessoal e desenvolvimento de habilidades: Ao inspirar ação nos outros, você desenvolve habilidades de comunicação, liderança, persuasão e inteligência emocional.

Criação de impacto positivo: Inspirar ação permite que você gere um impacto positivo no mundo, motivando pessoas a contribuir para causas importantes e construir um futuro melhor.

Métodos de Aplicação:

1. Comunique-se com propósito:

Defina uma visão clara e inspiradora: Articule uma visão clara, concisa e inspiradora que desperte a paixão e o entusiasmo das pessoas, mostrando como suas ações podem contribuir para algo maior que elas mesmas.

Utilize uma linguagem persuasiva: Empregue uma linguagem poderosa, emotiva e convincente que se conecte com os valores, aspirações e necessidades do seu público.

Conte histórias impactantes: Compartilhe histórias reais e inspiradoras que demonstrem o poder da ação e o impacto positivo que as pessoas podem ter no mundo.

Comunique com autenticidade: Seja autêntico e genuíno em sua comunicação, transmitindo sua paixão e seu comprometimento com a causa que você defende.

2. Lidere pelo exemplo:

Demonstre ação e comprometimento: Seja o primeiro a agir e demonstrar comprometimento com a causa, inspirando os outros com sua dedicação e energia.

Seja um modelo a ser seguido: Incorpore os valores e comportamentos que você espera ver em sua equipe ou comunidade, inspirando confiança e admiração.

Compartilhe suas experiências e aprendizados: Compartilhe suas próprias experiências de sucesso e fracasso, mostrando que a ação e a persistência são fundamentais para alcançar resultados.

3. Crie conexões genuínas:

Demonstre empatia e interesse genuíno: Conecte-se com as pessoas em um nível pessoal, demonstrando empatia, interesse genuíno por suas histórias e compreensão de suas perspectivas.

Construa relacionamentos de confiança: Cultive relacionamentos baseados na confiança, no respeito mútuo e na colaboração, criando um ambiente onde as pessoas se sintam à vontade para agir e contribuir.

Ofereça apoio e reconhecimento: Ofereça apoio e reconhecimento às pessoas que se engajam na causa, valorizando suas contribuições e celebrando seus sucessos.

4. Desperte o potencial das pessoas:

Identifique e valorize os talentos individuais: Reconheça e valorize os talentos e habilidades de cada pessoa, oferecendo oportunidades para que elas possam usar seus pontos fortes a serviço do objetivo comum.

Delegue responsabilidades e empodere: Dê às pessoas a autonomia e a responsabilidade para agir e tomar decisões, empoderando-as a se tornarem protagonistas da mudança.

Crie um ambiente de aprendizado e crescimento: Promova um ambiente onde as pessoas se sintam desafiadas a aprender, crescer e desenvolver seu potencial máximo.

Guia Passo a Passo para Aplicar a Lei "Inspire Ação":

1 - Comunique-se com propósito: Defina uma visão clara, utilize uma linguagem persuasiva, conte histórias e comunique-se com autenticidade.

2 - Lidere pelo exemplo: Demonstre ação, seja um modelo a ser seguido e compartilhe suas experiências.

3 - Crie conexões genuínas: Demonstre empatia, construa relacionamentos e ofereça apoio.

4 - Desperte o potencial: Identifique talentos, delegue responsabilidades e crie um ambiente de crescimento.

Ajustes caso o Resultado Esperado não Ocorra:

Se as pessoas não se sentirem motivadas a agir: Revise sua estratégia de comunicação, busque feedback e adapte sua mensagem para se conectar melhor com as necessidades e aspirações do seu público.

Se houver resistência ou falta de engajamento: Identifique as causas da resistência, dialogue abertamente e busque soluções que atendam às preocupações das pessoas.

Se você se sentir desmotivado ou desacreditado: Relembre seu propósito, reconecte-se com sua paixão e busque inspiração em pessoas e histórias que o motivem a continuar inspirando ação nos outros.

Exemplos:

Um líder comunitário que mobiliza seus vizinhos para um projeto de revitalização do bairro, compartilhando uma visão inspiradora de um futuro melhor e liderando pelo exemplo.

Um professor que desperta a paixão pelo conhecimento em seus alunos, criando um ambiente de aprendizado estimulante e desafiador.

Um empreendedor que inspira sua equipe a inovar e criar produtos revolucionários, compartilhando sua visão de futuro e motivando-os a superar seus limites.

Inspirar ação é uma jornada que exige propósito, autenticidade e compromisso. Ao comunicar uma visão inspiradora, liderar pelo exemplo e criar conexões genuínas, você estabelece as bases para transformar a motivação em movimento e o potencial em realização.

    Lembre-se de que a inspiração é contagiosa. Cada ação liderada por um propósito claro tem o poder de influenciar e engajar outros, criando uma corrente de impacto positivo. Valorize as contribuições individuais, celebre os avanços e promova um ambiente onde o crescimento e a colaboração floresçam.

    Quando você inspira ação, não apenas impulsiona resultados, mas também constrói um legado de liderança, empatia e transformação. Seja a força que move pessoas e ideias em direção a um futuro mais brilhante, e colha os frutos de um impacto significativo em sua vida e na vida daqueles que você inspira.

Lei 39
Construa Legado

Construir um legado é viver de forma que sua presença no mundo continue a impactar vidas, mesmo após a sua partida. Mais do que alcançar objetivos pessoais, criar um legado significa deixar uma marca positiva e duradoura na sociedade, inspirando ações, valores e mudanças que transcendem o tempo.

Esse processo começa com a definição de seus valores e propósitos. O autoconhecimento é essencial para identificar o que realmente importa para você e como suas ações podem contribuir para algo maior. Viver de acordo com esses princípios cria coerência e dá sentido às suas escolhas, guiando sua jornada em direção a um impacto significativo.

O legado também está profundamente conectado às suas paixões e talentos. Investir no que você ama e desenvolver suas habilidades permite que você faça contribuições únicas e valiosas ao mundo. Ao engajar-se em causas que ressoam com seus valores e se conectar genuinamente com sua comunidade, você não apenas transforma vidas, mas também inspira outras pessoas a fazerem o mesmo.

Criar algo que transcenda o tempo, seja uma obra, uma ideia ou um exemplo de vida, é uma das formas mais poderosas de construir um legado. Quando você compartilha conhecimento, constrói relacionamentos duradouros e deixa sua marca em algo tangível, perpetua sua influência e conecta sua história ao futuro.

Construir um legado não é apenas um ato de generosidade, mas também uma jornada de propósito e realização pessoal. Ele reflete não apenas o que você fez, mas também o impacto que você teve nas pessoas e no mundo ao seu redor.

Vantagens Pessoais:

Propósito e significado: A busca por construir um legado dá propósito e significado à sua vida, guiando suas ações e decisões em direção a um objetivo maior.

Impacto positivo: Construir um legado permite que você faça a diferença no mundo, deixando uma marca positiva e contribuindo para um futuro melhor.

Transcendência: Seu legado transcende sua própria existência, impactando vidas e inspirando pessoas por muitas gerações.

Reconhecimento e admiração: Um legado duradouro traz reconhecimento e admiração, não apenas durante sua vida, mas também após sua morte.

Inspiração para os outros: Seu legado pode inspirar outras pessoas a viverem com propósito e a buscarem seus próprios sonhos e objetivos.

Conexão com a humanidade: Construir um legado conecta você com a história da humanidade e com o futuro da sociedade, fazendo você se sentir parte de algo maior que si mesmo.

Métodos de Aplicação:

1. Defina seus valores e propósitos:

Autoconhecimento: Reflita sobre seus valores, crenças e princípios fundamentais, identificando o que é realmente importante para você e o que guia suas ações e decisões.

Propósito de vida: Defina seu propósito de vida, aquilo que o motiva e lhe dá energia para seguir em frente. Qual é a sua missão no mundo? Qual impacto você deseja causar?

Valores em ação: Viva de acordo com seus valores, traduzindo-os em ações concretas no seu dia a dia. Seja coerente entre o que você acredita e como você age.

2. Identifique suas paixões e talentos:

Explore seus interesses: Dedique tempo para explorar seus interesses, hobbies e atividades que lhe dão prazer e lhe fazem sentir vivo.

Desenvolva seus talentos: Identifique seus talentos naturais e habilidades e invista em seu desenvolvimento, aprimorando-os e utilizando-os a serviço de seus objetivos.

Siga sua intuição: Confie em sua intuição e siga seus instintos ao escolher os caminhos que deseja seguir e as contribuições que deseja fazer.

3. Contribua para algo maior que si mesmo:

Encontre sua causa: Identifique uma causa ou um propósito que seja maior que você mesmo e que o inspire a agir e a fazer a diferença no mundo.

Engaje-se em sua comunidade: Participe ativamente de projetos sociais, organizações sem fins lucrativos ou iniciativas que promovam o bem-estar da sua comunidade.

Deixe um impacto positivo nas pessoas: Busque inspirar, ajudar e transformar a vida das pessoas ao seu redor, deixando um legado de bondade, generosidade e amor.

4. Crie uma obra que transcenda o tempo:

Compartilhe seu conhecimento e experiências: Escreva um livro, crie um blog, grave vídeos, dê palestras ou encontre outras formas de compartilhar seu conhecimento, suas experiências e suas ideias com o mundo.

Construa algo duradouro: Crie uma empresa, desenvolva um produto, escreva uma música, pinte um quadro ou construa qualquer outra obra que possa resistir ao teste do tempo e continuar inspirando pessoas no futuro.

Invista em seu desenvolvimento pessoal: Continue aprendendo, crescendo e evoluindo como pessoa, para que seu legado seja o reflexo de uma vida plena de sabedoria, amor e realização.

Guia Passo a Passo para Aplicar a Lei "Construa Legado":

1 - Defina seus valores e propósitos: Pratique o autoconhecimento, defina seu propósito de vida e viva de acordo com seus valores.

2 - Identifique suas paixões e talentos: Explore seus interesses, desenvolva seus talentos e siga sua intuição.

3 - Contribua para algo maior: Encontre sua causa, engaje-se em sua comunidade e impacte vidas positivamente.

4 - Crie uma obra duradoura: Compartilhe seu conhecimento, construa algo que resista ao tempo e invista em seu desenvolvimento pessoal.

Ajustes caso o Resultado Esperado não Ocorra:

Se você se sentir perdido ou sem direção: Revise seus valores e propósitos, busque inspiração em pessoas que admira e experimente novas atividades e experiências para descobrir suas paixões.

Se você tiver dificuldade em deixar sua marca: Concentre-se em fazer a diferença na vida das pessoas ao seu redor, por menor que seja sua contribuição. Lembre-se que pequenas ações podem ter grandes impactos.

Se você se sentir desmotivado ou desacreditado: Relembre seu propósito, reconecte-se com sua paixão e busque inspiração em histórias de pessoas que deixaram um legado positivo no mundo.

Exemplos:

Um professor que dedica sua vida a inspirar e educar jovens, deixando um legado de conhecimento e transformação nas vidas de seus alunos.

Um artista que cria obras de arte que inspiram e emocionam pessoas de diferentes culturas e gerações.

Um empreendedor que cria uma empresa que gera empregos, contribui para a economia e melhora a vida das pessoas em sua comunidade.

Construir um legado é viver com a intenção de deixar o mundo melhor do que você o encontrou. Ao alinhar suas ações aos seus valores e propósitos, investir em suas paixões e talentos, e contribuir para algo maior que si mesmo, você cria um impacto que transcende sua própria existência.

Lembre-se de que o legado não é definido apenas por grandes feitos, mas também por pequenos gestos de bondade, generosidade e inspiração. Cada vida que você toca, cada ideia que você compartilha e cada contribuição que você faz deixa uma marca duradoura.

Ao construir seu legado, você não apenas encontra propósito e realização pessoal, mas também inspira outros a fazerem o mesmo. Sua história se torna parte de algo maior, conectando você ao fluxo contínuo da humanidade e ao futuro. Viva de forma intencional, construa com amor e deixe uma herança de impacto e significado.

Lei 40
Assuma Riscos

Assumir riscos é um convite para sair da zona de conforto e explorar as infinitas possibilidades que a vida tem a oferecer. Essa prática, muitas vezes temida, é também o que impulsiona crescimento, inovação e realização pessoal. Ao abraçar o desconhecido e superar o medo de errar, você se abre para oportunidades que podem transformar sua trajetória e levar você a lugares que jamais imaginou alcançar.

O processo de assumir riscos começa com uma análise cuidadosa. Identificar as oportunidades, entender os desafios e calcular as possíveis recompensas ajudam a tomar decisões informadas e estratégicas. Embora o medo do fracasso seja um companheiro comum nesse caminho, ele pode ser transformado em um aliado quando você o encara como uma chance de aprender e crescer.

Ao assumir riscos de forma consciente e progressiva, você desenvolve autoconfiança, resiliência e criatividade. Cada passo em direção ao incerto fortalece suas habilidades e expande sua visão de mundo. Além disso, a capacidade de enfrentar desafios de maneira corajosa inspira aqueles ao seu redor, criando um efeito positivo que transcende suas ações individuais.

Mais do que um ato de coragem, assumir riscos é uma escolha de autenticidade e liberdade. É dizer "sim" aos seus sonhos e trabalhar para torná-los realidade, mesmo diante das incertezas. Essa prática não apenas abre portas para conquistas, mas também enriquece sua vida com experiências valiosas e significativas.

Vantagens Pessoais:

Crescimento e desenvolvimento: Sair da zona de conforto e enfrentar novos desafios impulsiona o crescimento pessoal e o desenvolvimento de novas habilidades e competências.

Descoberta de novas oportunidades: Assumir riscos abre portas para novas oportunidades que você jamais imaginaria, expandindo seus horizontes e criando possibilidades de sucesso e realização.

Aumento da autoconfiança: Superar o medo e assumir riscos com sucesso fortalece a autoconfiança e a crença em sua capacidade de alcançar seus objetivos.

Inovação e criatividade: A busca por novos caminhos e a experimentação estimulam a inovação e a criatividade, permitindo que você encontre soluções originais e se destaque em um mundo competitivo.

Maior resiliência: Aprender a lidar com os riscos e os possíveis fracassos aumenta sua resiliência e capacidade de superar adversidades, tornando-o mais forte e preparado para os desafios da vida.

Vida mais autêntica: Assumir riscos e seguir seus sonhos permite que você viva uma vida mais autêntica e alinhada com seus valores e propósitos, experienciando uma maior sensação de liberdade e realização.

Métodos de Aplicação:

1. Identifique e avalie os riscos:

Analise as oportunidades: Avalie cuidadosamente as oportunidades que envolvem riscos, considerando seus objetivos, valores e as possíveis consequências de suas decisões.

Identifique os riscos potenciais: Faça uma análise realista dos riscos envolvidos em cada decisão, considerando os possíveis obstáculos, desafios e perdas que você pode enfrentar.

Avalie os benefícios em potencial: Pondere os benefícios que você pode obter ao assumir o risco, como crescimento pessoal, novas oportunidades, reconhecimento ou realização de sonhos.

2. Calcule os riscos e benefícios:

Analise a relação risco-recompensa: Avalie se os benefícios potenciais justificam os riscos envolvidos. Nem todos os riscos valem a pena ser tomados.

Crie planos de contingência: Prepare-se para os possíveis desafios e contratempos, criando planos de contingência para minimizar as perdas e aumentar suas chances de sucesso.

Divida o risco em etapas: Se o risco for muito grande, divida-o em etapas menores e mais fáceis de gerenciar, para que você possa avaliar o progresso e fazer ajustes ao longo do caminho.

3. Supere o medo do fracasso:

Reenquadre o fracasso: Veja o fracasso como uma oportunidade de aprendizado e crescimento, em vez de um obstáculo intransponível.

Desenvolva a resiliência: Cultive a resiliência para se recuperar dos contratempos e seguir em frente com mais força e determinação.

Concentre-se nos seus pontos fortes: Lembre-se de suas habilidades, talentos e experiências positivas, e confie em sua capacidade de superar os desafios.

4. Assuma o controle e aja:

Tome decisões conscientes: Assuma a responsabilidade por suas decisões e esteja preparado para as consequências, sejam elas positivas ou negativas.

Comece pequeno: Se você se sentir inseguro, comece assumindo pequenos riscos e aumente gradualmente o nível de desafio à medida que sua confiança cresce.

Não deixe o medo paralisá-lo: Não permita que o medo do fracasso o impeça de buscar seus sonhos e explorar novas possibilidades.

Guia Passo a Passo para Aplicar a Lei "Assuma Riscos":

1 - Identifique e avalie os riscos: Analise as oportunidades, identifique os riscos potenciais e avalie os benefícios.

2 - Calcule os riscos e benefícios: Analise a relação risco-recompensa, crie planos de contingência e divida o risco em etapas.

3 - Supere o medo do fracasso: Reenquadre o fracasso, desenvolva a resiliência e concentre-se em seus pontos fortes.

4 - Assuma o controle e aja: Tome decisões conscientes, comece pequeno e não deixe o medo paralisá-lo.

Ajustes caso o Resultado Esperado não Ocorra:

Se você sofrer uma perda ou fracasso: Analise a situação, aprenda com seus erros e use a experiência como um trampolim para o crescimento.

Se você se sentir paralisado pelo medo: Busque o apoio de pessoas de confiança, desenvolva estratégias para lidar com a ansiedade e lembre-se de seus sucessos passados.

Se você tiver dificuldade em identificar oportunidades: Amplie seus horizontes, conecte-se com pessoas de diferentes áreas e esteja aberto a novas experiências e desafios.

Exemplos:

Um empreendedor que arrisca seu capital para abrir um novo negócio, com a possibilidade de fracassar, mas também com a chance de alcançar o sucesso e realizar seu sonho.

Um artista que se arrisca a mostrar seu trabalho ao público, enfrentando a possibilidade de críticas e rejeição, mas também com a chance de obter reconhecimento e apreciação.

Uma pessoa que decide mudar de carreira, deixando para trás a estabilidade de um emprego para perseguir uma nova paixão, com o risco de enfrentar dificuldades, mas também com a possibilidade de encontrar uma carreira mais gratificante e realizadora.

Assumir riscos é uma jornada de autodescoberta e crescimento. Cada desafio enfrentado e cada medo superado reforçam sua capacidade de alcançar o que parecia impossível. Essa prática não elimina o medo, mas o transforma em uma força motivadora que impulsiona sua trajetória.

Lembre-se de que não se trata apenas de arriscar por arriscar, mas de identificar oportunidades que estejam alinhadas com seus valores, propósitos e sonhos. Ao calcular os riscos, planejar com inteligência e agir com coragem, você transforma incertezas em possibilidades e fracassos em aprendizados.

Ao longo do caminho, não apenas você colherá os frutos de suas escolhas, mas também inspirará outros a seguirem seus próprios sonhos. Assumir riscos não é apenas uma questão de conquistar objetivos; é uma forma de viver de maneira autêntica e cheia de propósito, abraçando o novo e explorando o melhor que a vida tem a oferecer.

Lei 41
Abrace a Incerteza

Abraçar a incerteza é reconhecer que a vida é, por natureza, imprevisível e cheia de surpresas. Muitas vezes, a busca incessante por controle e previsibilidade nos impede de experimentar plenamente o que o mundo tem a oferecer. Ao aceitar o desconhecido como uma constante, abrimos espaço para novas oportunidades, crescimento pessoal e uma vivência mais autêntica e leve.

A incerteza, embora desafiadora, pode ser uma poderosa aliada. Ela nos convida a sair da zona de conforto, estimular a criatividade e explorar caminhos antes inexplorados. Encarar o desconhecido exige flexibilidade e resiliência — qualidades que se tornam fundamentais para navegar pelas mudanças inevitáveis da vida. Quando deixamos de resistir à incerteza e aprendemos a fluir com ela, nos tornamos mais adaptáveis, inovadores e confiantes.

Além disso, aceitar a imprevisibilidade nos ajuda a focar no momento presente. Em vez de nos preocuparmos com o que não podemos controlar, concentramos nossas energias no que podemos fazer agora. Essa abordagem nos liberta do peso das expectativas irreais e nos permite encontrar alegria e propósito nas pequenas coisas do cotidiano.

Abraçar a incerteza é uma prática que transforma desafios em oportunidades e obstáculos em aprendizado. Ela nos ensina que, mesmo sem garantias, somos capazes de criar, explorar e prosperar.

Vantagens Pessoais:

Redução da ansiedade: Aceitar a incerteza como parte natural da vida diminui a ansiedade e o estresse causados pela busca incessante por controle e previsibilidade.

Aumento da flexibilidade: Abraçar a incerteza desenvolve sua flexibilidade e capacidade de adaptação, permitindo que você se ajuste às mudanças com mais facilidade e resiliência.

Abertura para novas oportunidades: A incerteza abre um leque de possibilidades e oportunidades que você talvez não perceberia se estivesse focado apenas em seguir um plano rígido.

Estimulação da criatividade: A incerteza desafia você a pensar fora da caixa, encontrar soluções criativas e inovadoras para os problemas e desenvolver seu potencial criativo.

Fortalecimento da intuição: Confiar em sua intuição e seguir seus instintos se torna mais fácil quando você aceita a incerteza e se permite ser guiado pelo desconhecido.

Vida mais leve e espontânea: Abraçar a incerteza libera você do peso das expectativas e do controle excessivo, permitindo que você viva com mais leveza, espontaneidade e alegria.

Métodos de Aplicação:

1. Cultive uma mentalidade flexível:

Abandone a necessidade de controle: Reconheça que você não pode controlar todos os aspectos da vida e que a incerteza é uma parte natural da experiência humana.

Adapte-se às mudanças: Esteja aberto a mudar seus planos, adaptar suas estratégias e ajustar suas expectativas conforme as circunstâncias mudam.

Veja os desafios como oportunidades: Encare os desafios e as incertezas como oportunidades de aprendizado, crescimento e desenvolvimento pessoal.

2. Desenvolva a capacidade de adaptação:

Pratique a improvisação: Aprenda a improvisar e a encontrar soluções criativas em situações inesperadas, sem se apegar a planos rígidos ou expectativas predefinidas.

Cultive a curiosidade: Mantenha a mente aberta para novas experiências, ideias e perspectivas, e explore o desconhecido com curiosidade e interesse.

Fortaleça sua resiliência: Desenvolva sua capacidade de se recuperar de contratempos, aprender com os erros e seguir em frente com mais força e sabedoria.

3. Abrace o desconhecido:

Explore novas possibilidades: Esteja aberto a explorar novas possibilidades, mesmo que elas sejam diferentes de seus planos iniciais ou estejam fora de sua zona de conforto.

Confie em sua intuição: Aprenda a ouvir sua voz interior e a confiar em seus instintos, mesmo quando não há garantias ou certezas.

Viva o momento presente: Concentre-se no aqui e agora, apreciando cada experiência e se permitindo ser surpreendido pela vida.

4. Transforme a incerteza em uma aliada:

Encontre oportunidades em meio ao caos: A incerteza pode criar espaço para novas oportunidades e soluções criativas que não seriam possíveis em um ambiente previsível e controlado.

Utilize a incerteza como motor de inovação: A necessidade de se adaptar e encontrar soluções para situações inesperadas impulsiona a inovação e o desenvolvimento de novas ideias.

Cultive a confiança em si mesmo: Lembre-se de que você já superou muitas incertezas no passado e que tem a capacidade de lidar com os desafios que a vida lhe apresenta.

Guia Passo a Passo para Aplicar a Lei "Abrace a Incerteza":

1 - Cultive uma mentalidade flexível: Abandone a necessidade de controle, adapte-se às mudanças e veja os desafios como oportunidades.

2 - Desenvolva a capacidade de adaptação: Pratique a improvisação, cultive a curiosidade e fortaleça sua resiliência.

3 - Abrace o desconhecido: Explore novas possibilidades, confie em sua intuição e viva o momento presente.

4 - Transforme a incerteza em uma aliada: Encontre oportunidades, utilize-a como motor de inovação e cultive a confiança em si mesmo.

Ajustes caso o Resultado Esperado não Ocorra:

Se você se sentir ansioso ou estressado diante da incerteza: Pratique técnicas de relaxamento e mindfulness para acalmar a mente e se concentrar no presente.

Se você tiver dificuldade em se adaptar às mudanças: Identifique as causas da resistência à mudança, desenvolva estratégias de enfrentamento e busque o apoio de pessoas de confiança.

Se você se sentir paralisado pela incerteza: Lembre-se de seus sucessos passados, concentre-se em seus pontos fortes e dê pequenos passos em direção aos seus objetivos, mesmo sem ter todas as respostas.

Exemplos:

Um empreendedor que adapta seu modelo de negócios diante de uma crise econômica, encontrando novas oportunidades e transformando a incerteza em uma vantagem competitiva.

Um artista que se permite experimentar novas formas de expressão artística, abraçando a incerteza do processo criativo e descobrindo novos caminhos para sua arte.

Uma pessoa que decide viajar para um país desconhecido, sem roteiro definido, abraçando a aventura e as surpresas que a incerteza da viagem pode lhe proporcionar.

Abrace a incerteza como uma companheira inevitável em sua jornada. Em vez de lutar contra ela, veja-a como uma oportunidade de crescimento, inovação e descoberta. Ao aceitar que nem tudo pode ser controlado, você se liberta do peso da perfeição e abre caminho para experiências mais ricas e significativas.

Lembre-se de que a incerteza é também uma chance de confiar em si mesmo e na sua capacidade de se adaptar e superar desafios. Cada situação inesperada pode ser uma oportunidade de aprendizado e um trampolim para novos horizontes.

Permita-se viver com leveza, explorando o desconhecido com curiosidade e entusiasmo. Ao abraçar a incerteza, você não apenas encontra novas possibilidades, mas também descobre um novo senso de liberdade e autenticidade, transformando o imprevisível em um convite para uma vida mais vibrante e plena.

Lei 42
Cultive Autoconhecimento

O autoconhecimento é a base de uma vida autêntica e realizada. Ele nos conecta às nossas emoções, valores e aspirações mais profundas, permitindo que vivamos de forma mais alinhada com quem realmente somos. Conhecer-se vai além de identificar preferências; trata-se de compreender nossas reações, padrões de comportamento, pontos fortes e áreas a melhorar. Essa jornada é essencial para tomar decisões conscientes, construir relacionamentos saudáveis e desenvolver uma autoestima sólida.

Quando investimos no autoconhecimento, ganhamos clareza sobre nossos objetivos e aprendemos a gerenciar nossas emoções com sabedoria. Isso nos torna mais resilientes diante dos desafios e mais aptos a crescer, tanto pessoal quanto profissionalmente. Além disso, ao nos conhecermos melhor, fortalecemos nossa capacidade de nos comunicar de forma empática e autêntica, criando conexões mais significativas com os outros.

Essa prática envolve momentos de introspecção, aceitação de nossas imperfeições e abertura para novas perspectivas. Seja por meio da meditação, da escrita ou do feedback de pessoas de confiança, o autoconhecimento nos capacita a viver com mais liberdade e propósito. Ao explorar nosso interior, abrimos caminho para a transformação e para uma existência mais plena e equilibrada.

Vantagens Pessoais:

Tomada de decisões mais conscientes: O autoconhecimento permite que você tome decisões mais alinhadas com seus valores, objetivos e propósitos de vida, evitando escolhas impulsivas ou influenciadas por fatores externos.

Gerenciamento de emoções: Compreender suas próprias emoções e seus gatilhos emocionais permite que você as gerencie de forma mais eficaz, evitando reações extremas e construindo relacionamentos mais saudáveis.

Aumento da autoestima: Aceitar suas qualidades e imperfeições com autocompaixão fortalece sua autoestima e promove uma imagem positiva de si mesmo.

Melhoria dos relacionamentos: O autoconhecimento permite que você se comunique de forma mais autêntica e empática, construindo relacionamentos mais fortes e significativos.

Crescimento pessoal e profissional: Compreender seus pontos fortes e fracos permite que você busque o desenvolvimento de suas habilidades e alcance seu potencial máximo, tanto na vida pessoal quanto profissional.

Maior bem-estar e felicidade: O autoconhecimento contribui para uma vida mais autêntica, equilibrada e feliz, alinhada com seus valores e propósitos mais profundos.

Métodos de Aplicação:

1. Conecte-se consigo mesmo:

Introspecção: Reserve tempo para a introspecção, refletindo sobre seus pensamentos, sentimentos e experiências. Pergunte-se: quem sou eu? O que me faz feliz? Quais são meus valores?

Meditação e mindfulness: Pratique a meditação e o mindfulness para acalmar a mente, se conectar com o momento presente e observar seus pensamentos e emoções sem julgamento.

Diário: Mantenha um diário para registrar seus pensamentos, sentimentos, sonhos e experiências, criando um espaço de reflexão e autoconhecimento.

2. Identifique seus padrões de comportamento:

Observe suas reações: Preste atenção em como você reage a diferentes situações, pessoas e emoções. Quais são seus padrões de comportamento? O que o desencadeia?

Analise seus relacionamentos: Observe os padrões que se repetem em seus relacionamentos. Que tipo de pessoas você atrai? Como você se comporta em seus relacionamentos?

Identifique seus pontos fortes e fracos: Reconheça suas habilidades, talentos e qualidades positivas, assim como suas fraquezas e limitações.

3. Aceite suas imperfeições:

Pratique a autocompaixão: Seja gentil e compreensivo consigo mesmo, aceitando suas imperfeições e reconhecendo que todos temos limitações e cometemos erros.

Abandone o perfeccionismo: Liberte-se da busca incessante pela perfeição, que pode levar à frustração e à autocrítica excessiva.

Concentre-se em seu progresso: Valorize seu progresso e suas conquistas, por menores que sejam, e celebre cada passo dado em sua jornada de autoconhecimento.

4. Busque feedback e novas perspectivas:

Peça feedback a pessoas de confiança: Converse com pessoas que o conhecem bem e peça feedback sincero sobre como elas o veem e o que percebem em seu comportamento.

Considere diferentes perspectivas: Esteja aberto a ouvir diferentes pontos de vista e a considerar novas perspectivas sobre si mesmo.

Busque ajuda profissional: Se você estiver enfrentando dificuldades em sua jornada de autoconhecimento, considere buscar a ajuda de um terapeuta ou conselheiro.

Guia Passo a Passo para Aplicar a Lei "Cultive Autoconhecimento":

1 - Conecte-se consigo mesmo: Pratique a introspecção, a meditação e a escrita em um diário.

2 - Identifique seus padrões: Observe suas reações, analise seus relacionamentos e identifique seus pontos fortes e fracos.

3 - Aceite suas imperfeições: Pratique a autocompaixão, abandone o perfeccionismo e concentre-se em seu progresso.

4 - Busque feedback: Peça feedback a pessoas de confiança, considere diferentes perspectivas e busque ajuda profissional se necessário.

Ajustes caso o Resultado Esperado não Ocorra:

Se você tiver dificuldade em se conectar consigo mesmo: Experimente diferentes técnicas de relaxamento e meditação, e crie um ambiente calmo e tranquilo para a introspecção.

Se você se sentir resistente a aceitar suas imperfeições: Lembre-se de que todos nós temos qualidades e defeitos, e que a autoaceitação é o primeiro passo para o crescimento pessoal.

Se você tiver dificuldade em buscar feedback: Comece pedindo feedback a pessoas em quem você confia e se sente à vontade, e vá expandindo gradualmente seu círculo de pessoas de confiança.

Exemplos:

Uma pessoa que medita diariamente para se conectar com suas emoções e pensamentos, e que mantém um diário para registrar suas reflexões e insights.

Um profissional que busca feedback de seus colegas e superiores para identificar seus pontos fortes e fracos, e que utiliza essas informações para traçar um plano de desenvolvimento profissional.

Um casal que se comunica abertamente sobre seus sentimentos, necessidades e expectativas, construindo um relacionamento mais forte e autêntico baseado no autoconhecimento e na compreensão mútua.

Cultivar o autoconhecimento é um investimento contínuo que enriquece todos os aspectos da vida. Essa prática nos permite reconhecer nossas forças, acolher nossas vulnerabilidades e agir de maneira mais intencional e alinhada com nossos valores.

Ao trilhar essa jornada, você descobrirá que a aceitação de si mesmo é a chave para o crescimento e para a construção de relações mais autênticas. O autoconhecimento também promove uma maior compreensão do mundo ao seu redor, pois quanto mais você conhece a si mesmo, mais empático e conectado se torna com os outros.

Lembre-se de que o autoconhecimento não é um destino, mas um processo constante de exploração e aprendizado. Seja gentil consigo mesmo e celebre cada passo dado nessa direção. Ao viver com consciência e clareza sobre quem você é, estará melhor preparado para enfrentar desafios, aproveitar oportunidades e construir uma vida cheia de propósito e significado.

Lei 43
Defina Propósito

Definir um propósito é como acender uma luz que guia sua vida em meio à escuridão das incertezas. Ele funciona como uma bússola, ajudando você a navegar pelas escolhas e desafios diários com clareza, direção e significado. Ter um propósito não apenas orienta suas ações, mas também alimenta sua motivação, resiliência e capacidade de superar dificuldades. É uma força interior que conecta seus valores, paixões e talentos, criando uma vida mais alinhada com quem você realmente é.

O propósito vai além de metas passageiras; ele se fundamenta em suas crenças mais profundas, naquilo que você deseja deixar como legado e na maneira como deseja impactar o mundo ao seu redor. Quando você vive de acordo com um propósito, experimenta um senso de realização e felicidade genuína, pois cada esforço ganha significado e cada conquista se torna um passo em direção a algo maior.

Essa busca requer introspecção, coragem para enfrentar medos e o compromisso de transformar sonhos em ações. Seja nos pequenos gestos do dia a dia ou nos grandes projetos de vida, seu propósito reflete quem você é e o impacto que deseja causar no mundo. Ao definir um propósito claro, você se torna não apenas o protagonista da sua história, mas também uma inspiração para os outros.

Vantagens Pessoais:

Direção e clareza: Um propósito claro fornece direção e clareza à sua vida, guiando suas decisões e ações em direção a um objetivo comum e evitando a dispersão de energia e foco.

Motivação e persistência: Ter um propósito significativo aumenta sua motivação e persistência para superar obstáculos, enfrentar desafios e seguir em frente mesmo diante das dificuldades.

Resiliência e superação: Um propósito forte funciona como uma âncora em momentos de crise, ajudando você a se recuperar de contratempos e encontrar forças para seguir em frente.

Felicidade e realização: Viver com propósito traz uma sensação de felicidade, satisfação e realização pessoal, pois você se sente conectado com algo maior que si mesmo e contribuindo para o mundo.

Autoconhecimento e autoconfiança: A busca por propósito promove o autoconhecimento e a autoconfiança, permitindo que você compreenda seus valores, paixões e talentos, e viva de forma mais autêntica.

Impacto positivo no mundo: Viver com propósito permite que você faça a diferença no mundo, contribuindo para causas importantes e deixando um legado positivo para as futuras gerações.

Métodos de Aplicação:

1. Conecte-se com seus valores:

Identifique seus valores fundamentais: Reflita sobre seus valores mais profundos, aqueles que guiam suas ações e decisões e que lhe dão uma sensação de propósito e significado.

Viva de acordo com seus valores: Busque alinhar suas ações e escolhas com seus valores fundamentais, garantindo que você esteja vivendo de forma autêntica e congruente com sua essência.

Priorize o que é importante: Defina suas prioridades com base em seus valores, dedicando tempo e energia às atividades e relacionamentos que realmente importam para você.

2. Identifique suas paixões:

Explore seus interesses: Dedique tempo para explorar seus interesses, hobbies e atividades que lhe dão prazer e despertam sua curiosidade.

Identifique seus talentos: Reconheça seus talentos naturais e habilidades e busque desenvolvê-los e utilizá-los em atividades que lhe tragam satisfação e realização.

Preste atenção ao que o energiza: Observe as atividades que lhe dão energia e o fazem se sentir vivo e motivado. Essas atividades podem ser pistas importantes para descobrir suas paixões.

3. Transforme sonhos em realidade:

Defina metas e objetivos: Traduza seus sonhos em metas e objetivos claros, específicos e mensuráveis, criando um plano de ação para alcançá-los.

Supere o medo e a insegurança: Enfrente seus medos e inseguranças, e tenha coragem de dar o primeiro passo em direção aos seus sonhos.

Busque apoio e inspiração: Cerque-se de pessoas que o apoiem e inspirem em sua jornada, e busque conhecimento e mentoria para ajudá-lo a alcançar seus objetivos.

4. Viva com intencionalidade:

Faça escolhas conscientes: Tome decisões conscientes sobre como você gasta seu tempo, energia e recursos, priorizando atividades e relacionamentos que estejam alinhados com seu propósito de vida.

Assuma a responsabilidade por sua vida: Reconheça que você é o protagonista da sua própria história e que tem o poder de criar a vida que deseja.

Busque o equilíbrio: Encontre o equilíbrio entre suas diferentes áreas da vida – pessoal, profissional, social e espiritual – para viver com mais harmonia e plenitude.

Guia Passo a Passo para Aplicar a Lei "Defina Propósito":

1 - Conecte-se com seus valores: Identifique seus valores fundamentais, viva de acordo com eles e priorize o que é importante.

2 - Identifique suas paixões: Explore seus interesses, identifique seus talentos e preste atenção ao que o energiza.

3 - Transforme sonhos em realidade: Defina metas, supere o medo e busque apoio.

4 - Viva com intencionalidade: Faça escolhas conscientes, assuma a responsabilidade e busque o equilíbrio.

Ajustes caso o Resultado Esperado não Ocorra:

Se você tiver dificuldade em definir seu propósito: Experimente diferentes exercícios de autoconhecimento, converse com pessoas que o inspiram e busque ajuda de um coach ou mentor.

Se você se sentir desmotivado ou perdido: Revise seus objetivos, reconecte-se com suas paixões e busque novas fontes de inspiração.

Se você tiver dificuldade em transformar seus sonhos em realidade: Divida seus objetivos em etapas menores, crie um plano de ação detalhado e celebre cada pequena vitória ao longo do caminho.

Exemplos:

Uma pessoa que descobre seu propósito em ajudar os outros e se dedica ao trabalho voluntário em uma ONG.

Um artista que encontra seu propósito em expressar sua criatividade através da arte e compartilhar sua visão de mundo com o público.

Um empreendedor que define como propósito criar uma empresa que gere impacto positivo na sociedade, oferecendo produtos ou serviços que melhorem a vida das pessoas.

Definir e viver de acordo com um propósito é um ato transformador. Ele oferece um norte em meio às turbulências da vida, fortalecendo sua capacidade de enfrentar desafios e de celebrar conquistas com um significado mais profundo.

Com um propósito bem definido, você não apenas encontra maior satisfação pessoal, mas também se torna uma força de mudança positiva no mundo. Suas escolhas e ações passam a refletir seus valores e paixões, e sua vida adquire uma coerência que inspira confiança e admiração.

Lembre-se de que a descoberta do propósito é uma jornada contínua. Ele pode evoluir à medida que você cresce e aprende, mas sempre será guiado pela essência de quem você é. Ao alinhar sua vida ao seu propósito, você não só constrói um caminho de realização pessoal, mas também deixa uma marca que transcende o tempo e impacta as vidas ao seu redor.

Lei 44
Busque Mentoria

Ninguém alcança grandes objetivos sozinho. A busca por mentoria é um passo estratégico que acelera o desenvolvimento pessoal e profissional, encurtando o caminho para o sucesso. Um mentor é mais do que um guia; ele é um catalisador de aprendizado, crescimento e realização. Ao compartilhar suas experiências, conhecimentos e visão de mundo, o mentor oferece não apenas orientação, mas também uma rede de apoio que ajuda a superar desafios e a identificar oportunidades que, muitas vezes, passam despercebidas.

A mentoria não se resume a absorver conselhos; ela é um processo dinâmico de troca, onde o mentorado também aprende a se abrir para feedbacks, a refletir sobre seus próprios valores e a aprimorar suas habilidades. Esse relacionamento pode transformar dúvidas em clareza e desafios em trampolins para o progresso. Encontrar um mentor compatível exige introspecção, pois você precisa entender suas metas e áreas de desenvolvimento para saber quem buscar.

Com o apoio de um mentor, você expande suas perspectivas, fortalece sua autoconfiança e desenvolve competências essenciais para atingir seus objetivos. É uma jornada de aprendizado, crescimento e conexão que, se bem cultivada, pode impactar positivamente não apenas sua trajetória, mas também a de todos ao seu redor.

Vantagens Pessoais:

Aceleração do desenvolvimento: A mentoria fornece orientação, conselhos e suporte personalizado, acelerando seu desenvolvimento pessoal e profissional e encurtando a curva de aprendizado.

Expansão de perspectivas: O mentor compartilha suas experiências, conhecimentos e visão de mundo, ampliando suas perspectivas e oferecendo novas formas de pensar e agir.

Desenvolvimento de habilidades: O mentor ajuda a identificar seus pontos fortes e fracos, e a desenvolver habilidades e competências essenciais para o sucesso em sua área de atuação.

Superação de desafios: O mentor oferece suporte e orientação para superar desafios e obstáculos, compartilhando suas próprias experiências e oferecendo conselhos práticos e estratégicos.

Aumento da autoconfiança: O apoio e o incentivo do mentor fortalecem sua autoconfiança e sua crença em sua capacidade de alcançar seus objetivos.

Construção de rede de contatos: O mentor pode apresentá-lo a pessoas influentes em sua área de atuação, expandindo sua rede de contatos e abrindo portas para novas oportunidades.

Métodos de Aplicação:

1. Identifique seus objetivos e necessidades:

Defina seus objetivos de mentoria: O que você espera alcançar com a mentoria? Quais habilidades você deseja desenvolver? Quais desafios você precisa superar?

Identifique suas áreas de desenvolvimento: Em quais áreas você precisa de mais orientação e suporte? Quais são seus pontos fracos que você gostaria de melhorar?

Determine o tipo de mentor que você precisa: Que tipo de experiência, conhecimento e perfil seriam mais valiosos para você neste momento da sua carreira?

2. Encontre um mentor compatível:

Procure em sua rede de contatos: Converse com pessoas que você admira e respeita, e que tenham experiência e conhecimento relevantes para sua área de interesse.

Participe de programas de mentoria: Procure por programas de mentoria em sua empresa, universidade ou comunidade, que conectam mentores e mentorados com base em seus interesses e objetivos.

Utilize plataformas online: Explore plataformas online que conectam mentores e mentorados em diversas áreas de atuação.

3. Construa um relacionamento de confiança:

Comunique-se abertamente e com transparência: Compartilhe seus objetivos, expectativas e desafios com seu mentor, e esteja aberto a ouvir seus conselhos e feedback.

Demonstre respeito e gratidão: Valorize o tempo e a experiência do seu mentor, demonstrando gratidão por sua disponibilidade e contribuição para seu desenvolvimento.

Seja proativo e responsável: Assuma a responsabilidade por seu próprio desenvolvimento, preparando-se para as sessões de mentoria, seguindo os conselhos do seu mentor e buscando aplicar o que aprende na prática.

4. Aproveite ao máximo a mentoria:

Faça perguntas e busque clareza: Não hesite em fazer perguntas e pedir esclarecimentos ao seu mentor, garantindo que você compreenda seus conselhos e orientações.

Esteja aberto a feedback e críticas construtivas: Esteja receptivo ao feedback do seu mentor, mesmo que seja difícil de ouvir, e utilize as críticas construtivas como oportunidade de crescimento.

Compartilhe seus progressos e desafios: Mantenha seu mentor atualizado sobre seus progressos, desafios e dúvidas, para que ele possa oferecer suporte e orientação adequados à sua situação.

5. Cultive o relacionamento a longo prazo:

Mantenha contato regular: Mantenha contato regular com seu mentor, mesmo após o término formal do programa de mentoria.

Demonstre gratidão e reconhecimento: Continue demonstrando gratidão e reconhecimento pelo apoio e orientação do seu mentor ao longo de sua carreira.

Retribua o favor: Quando você tiver mais experiência, considere se tornar um mentor para outras pessoas, compartilhando seus conhecimentos e contribuindo para o desenvolvimento de novos talentos.

Guia Passo a Passo para Aplicar a Lei "Busque Mentoria":

1 - Identifique seus objetivos e necessidades: Defina o que você espera alcançar com a mentoria.

2 - Encontre um mentor compatível: Procure em sua rede de contatos, participe de programas de mentoria ou utilize plataformas online.

3 - Construa um relacionamento de confiança: Comunique-se abertamente, demonstre respeito e seja proativo.

4 - Aproveite ao máximo a mentoria: Faça perguntas, esteja aberto a feedback e compartilhe seus progressos.

5 - Cultive o relacionamento a longo prazo: Mantenha contato, demonstre gratidão e retribua o favor.

Ajustes caso o Resultado Esperado não Ocorra:

Se você tiver dificuldade em encontrar um mentor: Revise seus critérios de busca, expanda sua rede de contatos e considere diferentes opções de programas de mentoria.

Se o relacionamento com seu mentor não for produtivo: Comunique suas expectativas e necessidades de forma clara, e se o relacionamento não melhorar, considere buscar um novo mentor.

Se você não estiver aplicando os aprendizados da mentoria: Crie um plano de ação para colocar em prática os conselhos do seu mentor e acompanhe seu progresso de forma regular.

Exemplos:

Um jovem profissional que busca a mentoria de um executivo experiente para orientá-lo em sua carreira.

Um empreendedor que busca a mentoria de um investidor para obter conselhos sobre como expandir seu negócio.

Um artista que busca a mentoria de um artista mais experiente para desenvolver suas habilidades e obter reconhecimento em sua área.

Buscar mentoria é um ato de coragem e humildade, que demonstra sua disposição para aprender com a experiência alheia e para crescer de forma acelerada e intencional. O mentor oferece mais do que conselhos práticos: ele proporciona inspiração, apoio e a confiança necessária para enfrentar desafios e transformar objetivos em conquistas.

Lembre-se de que a mentoria é uma via de mão dupla. Para maximizar seus benefícios, esteja aberto ao aprendizado, aplique as lições na prática e reconheça o valor do tempo e do conhecimento que o mentor dedica a você. Cultivar esse relacionamento pode abrir portas, fortalecer habilidades e até inspirar você a retribuir no futuro, tornando-se um mentor para outros.

Ao investir em mentoria, você não apenas melhora suas chances de sucesso, mas também constrói um legado de aprendizado e colaboração que transcende gerações.

Lei 45
Compartilhe Conhecimento

O conhecimento é um dos recursos mais valiosos que uma pessoa pode possuir, mas sua verdadeira força está em sua capacidade de ser compartilhado. Quando dividimos o que sabemos, não apenas ajudamos os outros a crescerem, mas também aprofundamos nosso próprio entendimento. A Lei "Compartilhe Conhecimento" nos convida a abandonar a ideia de que o saber deve ser guardado e, em vez disso, promover a troca de ideias como um motor para o progresso individual e coletivo.

Ao compartilhar conhecimentos, você amplia sua influência, constrói conexões significativas e se posiciona como uma referência em sua área de atuação. Esse ato não se limita a benefícios profissionais; ele também nutre um senso de propósito e contribui para a evolução da sociedade. A prática de compartilhar exige clareza, empatia e a habilidade de se comunicar de maneira acessível, além de incentivar o diálogo e reconhecer as contribuições alheias.

Seja em uma conversa casual, uma palestra para centenas de pessoas ou um artigo publicado online, a troca de conhecimento cria um ciclo virtuoso: o ensinamento enriquece quem aprende e fortalece quem ensina. Assim, compartilhar não é apenas um gesto de generosidade, mas também uma poderosa ferramenta de crescimento e transformação.

Vantagens Pessoais:

Aprofundamento do conhecimento: Ao compartilhar o que sabemos, somos desafiados a organizar nossas ideias, esclarecer dúvidas e aprofundar nossa compreensão sobre o assunto, o que contribui para um aprendizado mais sólido e duradouro.

Construção de relacionamentos: Compartilhar conhecimento cria oportunidades de conexão com outras pessoas, promovendo o diálogo, a troca de experiências e a construção de relacionamentos profissionais e pessoais mais fortes.

Aumento da visibilidade e reconhecimento: Compartilhar seu conhecimento em plataformas públicas, como blogs, redes sociais e eventos, aumenta sua visibilidade e reconhecimento como um expert em sua área de atuação.

Desenvolvimento de habilidades de comunicação: Ao compartilhar conhecimento, você desenvolve habilidades de comunicação escrita e verbal, aprendendo a expressar suas ideias de forma clara, concisa e envolvente.

Crescimento profissional: Compartilhar conhecimento e experiências com colegas e outros profissionais contribui para o crescimento profissional, abrindo portas para novas oportunidades e colaborações.

Impacto positivo na sociedade: Ao compartilhar seu conhecimento, você contribui para o desenvolvimento da sociedade, inspirando e empoderando outras pessoas a aprender, crescer e alcançar seus objetivos.

Métodos de Aplicação:

1. Identifique oportunidades de compartilhamento:

Público-alvo: Defina quem é seu público-alvo e qual tipo de conhecimento seria mais relevante e útil para eles.

Formato: Escolha o formato mais adequado para compartilhar seu conhecimento, como artigos, posts em redes sociais, palestras, workshops, mentoria ou cursos online.

Canais: Identifique os canais mais eficazes para alcançar seu público-alvo, como blogs, sites, redes sociais, eventos presenciais ou plataformas de ensino online.

2. Prepare seu conteúdo com clareza e objetividade:

Organize suas ideias: Estruture seu conteúdo de forma lógica e coesa, utilizando linguagem clara, objetiva e acessível ao seu público-alvo.

Utilize recursos visuais: Inclua imagens, gráficos, vídeos e outros recursos visuais para tornar seu conteúdo mais atraente, envolvente e fácil de compreender.

Exemplifique e contextualize: Utilize exemplos práticos, estudos de caso e situações reais para ilustrar seus pontos de vista e tornar o conhecimento mais relevante e aplicável.

3. Construa uma audiência engajada:

Compartilhe conteúdo relevante e de qualidade: Ofereça conteúdo original, informativo e que agregue valor ao seu público, estabelecendo-se como uma fonte confiável de conhecimento.

Interaja com seu público: Responda a perguntas, comentários e mensagens, criando um diálogo e uma conexão com sua audiência.

Promova seu conteúdo: Divulgue seu conteúdo em diferentes canais e plataformas, utilizando estratégias de marketing digital para alcançar um público maior.

4. Crie um ambiente de aprendizado mútuo:

Incentive o diálogo e a troca de ideias: Crie espaços para discussões, debates e troca de experiências, promovendo um ambiente de aprendizado colaborativo e enriquecedor.

Esteja aberto a aprender com os outros: Reconheça que o conhecimento é construído coletivamente e esteja aberto a aprender com as experiências e perspectivas de outras pessoas.

Compartilhe o crédito e reconheça as contribuições: Ao utilizar o conhecimento de outras pessoas, dê o devido crédito e reconheça suas contribuições, promovendo a ética e a colaboração.

Guia Passo a Passo para Aplicar a Lei "Compartilhe Conhecimento":

1 - Identifique oportunidades: Defina seu público, formato e canais de compartilhamento.

2 - Prepare seu conteúdo: Organize suas ideias, utilize recursos visuais e exemplifique.

3 - Construa uma audiência: Compartilhe conteúdo relevante, interaja com seu público e promova seu trabalho.

4 - Crie um ambiente de aprendizado mútuo: Incentive o diálogo, esteja aberto a aprender e compartilhe o crédito.

Ajustes caso o Resultado Esperado não Ocorra:

Se você tiver dificuldade em alcançar seu público: Revise sua estratégia de comunicação, experimente diferentes canais e formatos de conteúdo, e promova seu trabalho de forma mais ativa.

Se seu conteúdo não estiver gerando engajamento: Avalie a qualidade e a relevância do seu conteúdo, busque feedback do seu público e adapte sua abordagem para atender às suas necessidades e interesses.

Se você se sentir inseguro em compartilhar seu conhecimento: Lembre-se que todos temos algo a compartilhar e que o conhecimento se multiplica quando é compartilhado. Comece compartilhando em pequenos grupos ou com pessoas de confiança, e vá expandindo gradualmente seu alcance.

Exemplos:

Um professor que cria um blog para compartilhar seus conhecimentos sobre educação e inspirar outros educadores.

Um programador que compartilha tutoriais em vídeo sobre programação, ajudando pessoas a aprenderem novas habilidades e entrarem no mercado de trabalho.

Uma empresa que promove palestras e workshops para compartilhar suas experiências e melhores práticas com outras empresas do setor.

Compartilhar conhecimento é mais do que transmitir informações; é construir pontes entre pessoas, ideias e oportunidades. A prática fortalece relações, inspira mudanças e consolida a base de uma comunidade mais colaborativa e inovadora. Quando você divide o que sabe, permite que outros brilhem e, ao mesmo tempo, mantém viva a chama do aprendizado em si mesmo.

Lembre-se de que cada gesto de generosidade intelectual tem o poder de reverberar muito além do momento em que acontece. Seja respondendo a uma pergunta, mentorando alguém ou contribuindo com conteúdos para um público maior, você está deixando um impacto duradouro.

    Portanto, adote o hábito de compartilhar. Transforme sua experiência em uma fonte de inspiração, seus aprendizados em guias para os outros e seu conhecimento em um legado que multiplica oportunidades e cria um futuro melhor. Ao fazê-lo, você não apenas ajuda a mudar o mundo ao seu redor, mas também reforça sua própria jornada de crescimento e realização.

Lei 46
Pratique Gratidão

A gratidão é um dos sentimentos mais transformadores e poderosos que podemos cultivar em nossas vidas. Ela não apenas nos conecta ao que há de positivo em nosso dia a dia, mas também promove bem-estar, fortalece relacionamentos e nos ajuda a encontrar significado em nossas experiências. Ao praticar a gratidão, reconhecemos o valor das pequenas e grandes bênçãos, transformando desafios em aprendizados e dificuldades em oportunidades de crescimento.

A Lei "Pratique Gratidão" nos convida a enxergar o mundo através de uma lente mais otimista e generosa, incentivando-nos a agradecer pelo que temos e pelo que compartilhamos com os outros. Este hábito, embora simples, possui um impacto profundo em nossa saúde mental, física e emocional, além de criar um ambiente mais acolhedor e harmonioso em nossos relacionamentos.

Adotar a gratidão como um estilo de vida não significa ignorar os problemas ou negar as adversidades, mas sim desenvolver a capacidade de encontrar motivos para agradecer, mesmo em meio às dificuldades. Seja por meio de um gesto gentil, um momento de reflexão ou uma palavra de apreço, a gratidão é uma prática que enriquece tanto quem a sente quanto quem a recebe.

Vantagens Pessoais:

Aumento da felicidade e bem-estar: A gratidão promove a liberação de hormônios como a dopamina e a serotonina, que geram sensação de prazer, felicidade e bem-estar emocional.

Redução do estresse e da ansiedade: Estudos comprovam que a prática da gratidão reduz os níveis de cortisol, o hormônio do estresse, contribuindo para uma mente mais calma e equilibrada.

Melhoria da saúde física: A gratidão fortalece o sistema imunológico, melhora a qualidade do sono e contribui para a prevenção de doenças cardiovasculares.

Fortalecimento dos relacionamentos: Expressar gratidão pelas pessoas em sua vida fortalece os laços afetivos, aumenta a conexão e promove relacionamentos mais saudáveis e duradouros.

Aumento da resiliência: A gratidão ajuda a desenvolver a resiliência, permitindo que você encare os desafios com mais otimismo e encontre forças para superar as adversidades.

Melhoria do desempenho e da produtividade: Pessoas gratas tendem a ser mais motivadas, engajadas e produtivas em suas atividades, alcançando melhores resultados em diversas áreas da vida.

Métodos de Aplicação:

1. Cultive a gratidão no dia a dia:

Diário da gratidão: Mantenha um diário da gratidão, anotando diariamente as coisas pelas quais você se sente grato, por menores que sejam.

Expressar gratidão verbalmente: Agradeça às pessoas ao seu redor por suas ações, seu apoio e sua presença em sua vida.

Cartas de gratidão: Escreva cartas de gratidão para pessoas que fizeram a diferença em sua vida, expressando seu apreço e reconhecimento.

Momentos de reflexão: Reserve um tempo em seu dia para refletir sobre as bênçãos e as coisas boas que você tem em sua vida.

2. Pratique a gratidão em seus relacionamentos:

Aprecie as pessoas queridas: Demonstre seu apreço e gratidão pelas pessoas que você ama, expressando seus sentimentos e valorizando sua presença em sua vida.

Perdoe e agradeça: Pratique o perdão e a gratidão, mesmo em situações difíceis, reconhecendo as lições aprendidas e os aspectos positivos de cada experiência.

Cultive a generosidade: Compartilhe seu tempo, seus recursos e seu amor com os outros, praticando a generosidade e a reciprocidade em seus relacionamentos.

3. Amplie seu foco para a abundância:

Valorize as pequenas coisas: Aprenda a valorizar as pequenas coisas da vida, como um dia ensolarado, um gesto de carinho ou uma boa conversa.

Concentre-se no que você tem: Em vez de se concentrar no que lhe falta, foque no que você já tem e agradeça por isso.

Cultive uma mentalidade de abundância: Acredite que o universo é abundante e que há o suficiente para todos, e abra-se para receber as bênçãos e as oportunidades que a vida lhe oferece.

4. Transforme a gratidão em um hábito:

Incorpore a gratidão em sua rotina: Crie hábitos diários de gratidão, como agradecer antes das refeições, escrever em seu diário da gratidão ou praticar a meditação da gratidão.

Compartilhe sua gratidão: Compartilhe sua gratidão com os outros, inspirando-os a cultivar esse sentimento em suas próprias vidas.

Lembre-se da gratidão em momentos difíceis: Nos momentos de desafio e adversidade, lembre-se das coisas pelas quais você é grato, para encontrar força e esperança.

Guia Passo a Passo para Aplicar a Lei "Pratique Gratidão":

1 - Cultive a gratidão no dia a dia: Mantenha um diário da gratidão, expresse gratidão verbalmente e pratique a reflexão.

2 - Pratique a gratidão em seus relacionamentos: Aprecie as pessoas queridas, perdoe e cultive a generosidade.

3 - Amplie seu foco para a abundância: Valorize as pequenas coisas, concentre-se no que você tem e cultive uma mentalidade de abundância.

4 - Transforme a gratidão em um hábito: Incorpore a gratidão em sua rotina, compartilhe sua gratidão e lembre-se dela em momentos difíceis.

Ajustes caso o Resultado Esperado não Ocorra:

Se você tiver dificuldade em sentir gratidão: Comece pequeno, focando em algumas poucas coisas pelas quais você se sente grato, e vá expandindo gradualmente seu foco para outras áreas da sua vida.

Se você se sentir desmotivado ou cínico: Lembre-se dos benefícios da gratidão para sua saúde mental e física, e busque inspiração em histórias de pessoas que transformaram suas vidas através da gratidão.

Se você tiver dificuldade em manter o hábito da gratidão: Crie lembretes visuais, defina um horário específico para praticar a gratidão e encontre formas criativas de incorporar a gratidão em sua rotina.

Exemplos:

Uma pessoa que escreve em seu diário da gratidão todas as noites, listando as coisas boas que aconteceram durante o dia.

Um casal que expressa gratidão um ao outro por seu amor, companheirismo e apoio.

Uma equipe de trabalho que celebra o sucesso de um projeto, agradecendo a contribuição de cada membro.

Praticar a gratidão é uma escolha diária que transforma a forma como vivemos e interagimos com o mundo. Ela nos conecta às coisas boas que muitas vezes passam despercebidas, nos fortalece diante dos desafios e nos aproxima das pessoas que tornam nossa jornada significativa.

Ao cultivar a gratidão, criamos um ciclo virtuoso de positividade e reciprocidade, inspirando os outros a fazerem o mesmo. A gratidão não precisa ser grandiosa; pequenos gestos, como dizer "obrigado" ou refletir sobre o que nos trouxe alegria, já são capazes de criar impacto.

Transforme a gratidão em um hábito. Reconheça e valorize suas conquistas, celebre as bênçãos e expresse seu apreço pelas pessoas ao seu redor. Assim, você não apenas enriquecerá sua vida, mas também criará um legado de bondade, conexão e alegria que continuará a inspirar e transformar.

Lei 47
Promova Bem-Estar

Em um mundo cada vez mais acelerado e repleto de demandas, promover o bem-estar tornou-se essencial para viver de forma equilibrada e significativa. Essa prática vai além do cuidado com a saúde física, abrangendo também a saúde mental, emocional e espiritual, além da construção de relacionamentos e ambientes positivos.

A Lei "Promova Bem-Estar" nos convida a adotar uma abordagem holística para cuidar de nós mesmos. Ela destaca a importância de criar hábitos saudáveis, como uma alimentação balanceada, a prática de atividades físicas e o gerenciamento do estresse. Além disso, nos incentiva a buscar equilíbrio entre trabalho e lazer, conectar-se com a natureza e cultivar relacionamentos positivos.

O bem-estar não é apenas um estado a ser alcançado, mas um processo contínuo que exige atenção e esforço. Cada pequena escolha que fazemos – desde as pessoas com quem nos cercamos até as atividades que integramos em nossa rotina – contribui para construir uma vida mais saudável, feliz e harmoniosa.

Vantagens Pessoais:

Saúde física e mental: Promover o bem-estar fortalece o sistema imunológico, previne doenças, melhora a qualidade do sono, reduz o estresse e a ansiedade, e promove a saúde mental e o equilíbrio emocional.

Aumento da energia e vitalidade: Cuidar do corpo e da mente aumenta seus níveis de energia e vitalidade, permitindo que você enfrente os desafios do dia a dia com mais disposição e entusiasmo.

Melhoria da concentração e produtividade: O bem-estar promove a clareza mental, o foco e a concentração, aumentando sua produtividade e eficiência em diversas áreas da vida.

Criatividade e inovação: Uma mente e um corpo saudáveis estimulam a criatividade, a imaginação e a capacidade de encontrar soluções inovadoras para os desafios.

Relacionamentos mais saudáveis: O bem-estar contribui para relacionamentos mais saudáveis e positivos, aumentando a empatia, a compaixão e a capacidade de se conectar com os outros.

Aumento da autoestima e autoconfiança: Cuidar de si mesmo e se sentir bem consigo mesmo fortalece a autoestima, a autoconfiança e a autoimagem.

Métodos de Aplicação:

1. Cultive hábitos saudáveis:

Alimentação equilibrada: Adote uma dieta rica em frutas, verduras, legumes e grãos integrais, evitando o consumo excessivo de alimentos processados, açúcar e gorduras saturadas.

Exercício físico regular: Pratique exercícios físicos regularmente, adaptando a intensidade e a modalidade às suas condições físicas e preferências.

Sono reparador: Priorize uma boa noite de sono, criando uma rotina relaxante antes de dormir e garantindo um ambiente propício ao descanso.

Gerenciamento do estresse: Pratique técnicas de gerenciamento do estresse, como meditação, yoga, respiração profunda e mindfulness, para acalmar a mente e reduzir a ansiedade.

2. Nutrir a mente e o corpo:

Cultivar pensamentos positivos: Pratique o otimismo, a gratidão e o pensamento positivo, focando nas coisas boas da vida e cultivando uma mentalidade de crescimento.

Conectar-se com a natureza: Passe tempo ao ar livre, conecte-se com a natureza e aproveite os benefícios do contato com o ambiente natural para sua saúde mental e física.

Expressar suas emoções: Encontre formas saudáveis de expressar suas emoções, como conversar com amigos, escrever em um diário ou praticar atividades artísticas.

Cuidar da sua saúde mental: Não hesite em buscar ajuda profissional se você estiver enfrentando problemas de saúde mental, como depressão, ansiedade ou estresse pós-traumático.

3. Buscar o equilíbrio:

Equilíbrio entre vida pessoal e profissional: Defina limites claros entre o trabalho e a vida pessoal, e reserve tempo para se dedicar aos seus hobbies, relacionamentos e atividades que lhe dão prazer.

Tempo para o lazer e o relaxamento: Incorpore atividades de lazer e relaxamento em sua rotina, como ler, ouvir música, assistir a filmes, passear ao ar livre ou simplesmente não fazer nada.

Conexão social: Cultive relacionamentos positivos com amigos, familiares e pessoas queridas, e participe de atividades sociais que lhe tragam alegria e conexão.

4. Criar um ambiente de bem-estar:

Organizar seu espaço: Crie um ambiente de trabalho e de moradia organizado, limpo e aconchegante, que promova a paz interior e o bem-estar.

Cercar-se de pessoas positivas: Cultive relacionamentos com pessoas positivas, otimistas e que o inspirem a viver com mais alegria e leveza.

Praticar a gratidão: Cultive o hábito da gratidão, reconhecendo e apreciando as coisas boas da vida, por menores que sejam.

Guia Passo a Passo para Aplicar a Lei "Promova Bem-Estar":

1 - Cultive hábitos saudáveis: Alimentação equilibrada, exercício físico, sono reparador e gerenciamento do estresse.

2 - Nutrir a mente e o corpo: Pensamentos positivos, conexão com a natureza, expressão de emoções e cuidado com a saúde mental.

3 - Buscar o equilíbrio: Equilíbrio entre vida pessoal e profissional, tempo para lazer e conexão social.

4 - Criar um ambiente de bem-estar: Organizar o espaço, cercar-se de pessoas positivas e praticar a gratidão.

Ajustes caso o Resultado Esperado não Ocorra:

Se você tiver dificuldade em implementar hábitos saudáveis: Comece com pequenas mudanças em sua rotina, defina metas realistas e busque o apoio de um profissional de saúde ou um coach.

Se você se sentir sobrecarregado ou estressado: Identifique os fatores que contribuem para o estresse e a ansiedade, e implemente estratégias para gerenciar suas emoções e priorizar suas atividades.

Se você não estiver priorizando seu bem-estar: Lembre-se que o bem-estar é a base para uma vida plena e saudável. Defina o bem-estar como uma prioridade em sua vida e faça escolhas conscientes que o ajudem a alcançar esse objetivo.

Exemplos:

Uma pessoa que pratica yoga e meditação regularmente para aliviar o estresse e promover o equilíbrio emocional.

Um profissional que reserva tempo em sua agenda para se exercitar e ter uma alimentação saudável, aumentando sua energia e produtividade no trabalho.

Uma família que se reúne para um jantar saudável e uma conversa agradável, fortalecendo os laços e promovendo o bem-estar de todos.

Promover o bem-estar é uma forma poderosa de investir em si mesmo e criar uma base sólida para todas as áreas da sua vida. Ao cuidar do corpo, da mente e das emoções, você ganha energia, resiliência e clareza para enfrentar desafios e aproveitar plenamente as alegrias do cotidiano.

Lembre-se de que o bem-estar é uma jornada pessoal. Não é necessário transformar tudo de uma vez; comece com pequenas mudanças, como reservar tempo para o autocuidado ou apreciar as coisas boas ao seu redor. Com o tempo, essas práticas se tornarão parte natural de sua rotina.

Ao priorizar o bem-estar, você não só enriquece sua própria vida, mas também inspira e fortalece as pessoas ao seu redor, criando uma atmosfera de saúde, felicidade e positividade. Abrace essa lei como um compromisso consigo mesmo e experimente os benefícios de uma vida plena e equilibrada.

Lei 48
Construa Equilíbrio

Viver com equilíbrio é essencial para alcançar uma vida plena e significativa. No entanto, o mundo moderno, com suas demandas crescentes e expectativas elevadas, muitas vezes nos empurra para desequilíbrios que comprometem nossa saúde, produtividade e bem-estar emocional. A Lei "Construa Equilíbrio" nos orienta a harmonizar as diversas áreas de nossa vida – pessoal, profissional, social e espiritual – para reduzir o estresse, aumentar nossa energia e fortalecer nossos relacionamentos.

O equilíbrio não é uma meta fixa, mas uma prática contínua que exige reflexão, planejamento e flexibilidade. Ele começa com o reconhecimento de nossos valores e prioridades, passa pelo gerenciamento eficiente do tempo e da energia, e culmina na adoção de hábitos que promovam a saúde integral e o bem-estar. Ao construir equilíbrio, não apenas aprimoramos nossa qualidade de vida, mas também nos tornamos mais resilientes, criativos e realizados.

Vantagens Pessoais:

Redução do estresse e ansiedade: O equilíbrio promove a harmonia interior e reduz o estresse e a ansiedade causados pelo excesso de demandas e responsabilidades em uma ou mais áreas da vida.

Aumento da produtividade e foco: Ao equilibrar as diferentes áreas da vida, você consegue se concentrar melhor em cada uma delas, aumentando sua produtividade e eficiência.

Melhoria da saúde física e mental: O equilíbrio contribui para uma melhor saúde física e mental, reduzindo o risco de doenças relacionadas ao estresse, como problemas cardíacos, depressão e ansiedade.

Relacionamentos mais saudáveis: O equilíbrio permite que você dedique tempo e energia aos seus relacionamentos, cultivando laços mais fortes e significativos com as pessoas que ama.

Maior criatividade e realização: O equilíbrio libera espaço para a criatividade, a inspiração e a busca por novas experiências, permitindo que você se sinta mais realizado e feliz.

Aumento da autoestima e autoconhecimento: Ao se conhecer melhor e compreender suas prioridades, você consegue construir uma vida mais autêntica e alinhada com seus valores, o que fortalece a autoestima e o autoconhecimento.

Métodos de Aplicação:

1. Defina suas prioridades:

Identifique seus valores e objetivos: Reflita sobre seus valores e objetivos de vida, tanto a curto quanto a longo prazo, para ter clareza sobre o que é realmente importante para você.

Priorize as diferentes áreas da vida: Analise as diferentes áreas da sua vida — pessoal, profissional, social, espiritual — e defina quais são as suas prioridades em cada uma delas.

Estabeleça metas realistas: Defina metas realistas e alcançáveis em cada área da vida, evitando a sobrecarga e o perfeccionismo.

2. Gerencie seu tempo e energia:

Organize seu tempo: Utilize ferramentas de organização, como agendas, planilhas e aplicativos, para planejar suas atividades, definir prazos e priorizar tarefas.

Aprenda a dizer "não": Não tenha medo de dizer "não" a compromissos e atividades que não se alinham com suas prioridades e que consomem sua energia de forma improdutiva.

Delegue tarefas: Quando possível, delegue tarefas a outras pessoas, liberando tempo e energia para se concentrar em atividades mais importantes e estratégicas.

3. Cultive a flexibilidade:

Adapte-se às mudanças: Esteja aberto a mudanças e imprevistos, e desenvolva a capacidade de adaptar seus planos e prioridades conforme as necessidades e circunstâncias da vida.

Equilibre rigor e espontaneidade: Encontre um equilíbrio entre o planejamento e a espontaneidade, permitindo espaço para a criatividade, a flexibilidade e os momentos inesperados.

Aprenda com seus erros: Não se culpe por eventuais desequilíbrios. Veja os erros como oportunidades de aprendizado e ajuste suas estratégias para alcançar um maior equilíbrio no futuro.

4. Pratique hábitos que promovam o equilíbrio:

Exercício físico e alimentação saudável: Mantenha uma rotina de exercícios físicos e uma alimentação equilibrada para promover a saúde do corpo e da mente.

Tempo para relaxamento e conexão consigo mesmo: Reserve tempo para atividades que lhe proporcionem relaxamento e conexão consigo mesmo, como meditação, yoga, leitura ou simplesmente um tempo a sós para reflexão.

Cultivo de relacionamentos saudáveis: Invista tempo e energia em seus relacionamentos com família, amigos e pessoas queridas, construindo laços fortes e de apoio mútuo.

Busca por propósito e significado: Conecte-se com seu propósito de vida e busque atividades que lhe tragam satisfação e sentido, alinhando suas ações com seus valores e paixões.

Guia Passo a Passo para Aplicar a Lei "Construa Equilíbrio":

1 - Defina suas prioridades: Identifique seus valores, objetivos e prioridades em cada área da vida.

2 - Gerencie seu tempo e energia: Organize seu tempo, aprenda a dizer "não" e delegue tarefas.

3 - Cultive a flexibilidade: Adapte-se às mudanças, equilibre rigor e espontaneidade, e aprenda com seus erros.

4 - Pratique hábitos que promovam o equilíbrio: Exercício físico, alimentação saudável, relaxamento, conexão social e busca por propósito.

Ajustes caso o Resultado Esperado não Ocorra:

Se você se sentir sobrecarregado em uma área da vida: Revise suas prioridades, redistribua seu tempo e energia, e busque formas de simplificar sua vida e eliminar o excesso de compromissos.

Se você estiver negligenciando alguma área da vida: Identifique a causa do desequilíbrio e busque formas de dedicar mais tempo e atenção a essa área, redefinindo suas prioridades e criando novos hábitos.

Se você se sentir desmotivado ou sem energia: Busque atividades que lhe tragam alegria, renove suas paixões e conecte-se com seu propósito de vida, para recuperar o entusiasmo e a vitalidade.

Exemplos:

Um profissional que define limites claros entre o trabalho e a vida pessoal, reservando tempo para sua família, seus hobbies e suas atividades físicas.

Um estudante que equilibra seus estudos com atividades extracurriculares, tempo para o lazer e o cultivo de amizades.

Uma pessoa que busca o equilíbrio entre o corpo, a mente e o espírito, praticando meditação, yoga e se alimentando de forma saudável.

Construir equilíbrio é um compromisso consigo mesmo, uma escolha consciente de priorizar o que realmente importa e abrir mão do que não agrega valor à sua vida. Essa prática, embora desafiadora, traz recompensas inestimáveis: mais clareza, foco, energia e felicidade.

Lembre-se de que o equilíbrio é dinâmico – ele muda conforme as circunstâncias e as fases da vida. Cultive a flexibilidade e esteja sempre atento às áreas que necessitam de mais atenção. Pequenos ajustes, feitos com regularidade, podem ter um impacto profundo em seu bem-estar e na harmonia entre seus objetivos e seus valores.

Ao adotar a Lei "Construa Equilíbrio", você não apenas cuida de si mesmo, mas também inspira os outros a buscar uma vida mais alinhada e significativa. Que suas escolhas reflitam o que há de mais importante e que o equilíbrio seja a base de suas conquistas e felicidade.

Lei 49
Cause Impacto

Causar impacto é a essência de viver uma vida que transcenda o individual e contribua para algo maior. A Lei "Cause Impacto" ensina que não se trata apenas de fazer a diferença, mas de fazê-lo de maneira consciente, intencional e alinhada aos seus valores e habilidades. Em um mundo repleto de desafios e oportunidades, cada ação positiva gera um efeito cascata, inspirando outros a fazerem o mesmo e criando um ciclo de transformação.

Ao se engajar em causas que ressoam com seus ideais, você amplia seu propósito, fortalece relacionamentos significativos e constrói um legado que ecoará para além do presente. Não importa a escala de sua ação – desde iniciativas locais até projetos globais – o que realmente importa é a intencionalidade e o compromisso de gerar mudanças que promovam o bem comum.

Vantagens Pessoais:

Propósito e significado: Causar impacto dá propósito e significado à sua vida, conectando você com algo maior que si mesmo e impulsionando-o a viver com mais intencionalidade.

Realização pessoal e profissional: Contribuir para o bem comum e fazer a diferença no mundo traz uma profunda sensação de realização pessoal e profissional.

Aumento da autoestima e autoconfiança: Causar impacto positivo fortalece a autoestima e a autoconfiança, pois você reconhece seu potencial de transformar o mundo ao seu redor.

Fortalecimento de relacionamentos: Ao se engajar em causas e projetos com propósito, você se conecta com pessoas que compartilham seus valores e ideais, construindo relacionamentos mais fortes e significativos.

Desenvolvimento de habilidades e competências: Causar impacto exige o desenvolvimento de habilidades como liderança, comunicação, criatividade e resolução de problemas, o que contribui para seu crescimento pessoal e profissional.

Criação de um legado duradouro: Suas ações e contribuições para o mundo deixam um legado duradouro, inspirando e impactando pessoas por muitas gerações.

Métodos de Aplicação:

1. Identifique causas relevantes:

Conecte-se com seus valores: Reflita sobre seus valores e crenças, e identifique causas que sejam importantes para você e que o motivem a agir.

Analise as necessidades do mundo: Observe os desafios e problemas que afetam sua comunidade e o mundo, e identifique áreas onde você pode fazer a diferença.

Busque inspiração em outros: Inspire-se em pessoas que estão causando impacto positivo no mundo, aprendendo com suas histórias e ações.

2. Desenvolva projetos com propósito:

Defina objetivos claros: Estabeleça objetivos claros e mensuráveis para seus projetos, definindo o impacto que você deseja alcançar e como irá mensurar seus resultados.

Crie um plano de ação: Elabore um plano de ação detalhado, definindo as etapas, os recursos necessários e os prazos para a implementação do seu projeto.

Busque parcerias e colaborações: Una forças com outras pessoas e organizações que compartilham seus objetivos, aumentando seu impacto e alcançando resultados mais significativos.

3. Mobilize pessoas:

Compartilhe sua visão: Comunique sua visão e seus objetivos de forma clara e inspiradora, motivando outras pessoas a se juntarem à sua causa.

Lidere pelo exemplo: Seja um exemplo de ação e comprometimento, inspirando outros a seguirem seus passos.

Crie um ambiente de colaboração: Promova um ambiente de colaboração, onde todos se sintam valorizados e motivados a contribuir com suas habilidades e ideias.

4. Comunique seu impacto:

Compartilhe suas histórias de sucesso: Compartilhe as histórias de impacto do seu trabalho, mostrando como suas ações estão fazendo a diferença no mundo.

Utilize métricas e dados: Apresente dados e métricas que demonstrem o impacto quantitativo e qualitativo do seu trabalho.

Inspire outros a agir: Compartilhe suas experiências e aprendizados, inspirando outras pessoas a se engajarem em causas sociais e a causarem seu próprio impacto positivo.

Guia Passo a Passo para Aplicar a Lei "Cause Impacto":

1 - Identifique causas relevantes: Conecte-se com seus valores, analise as necessidades do mundo e busque inspiração.

2 - Desenvolva projetos com propósito: Defina objetivos claros, crie um plano de ação e busque parcerias.

3 - Mobilize pessoas: Compartilhe sua visão, lidere pelo exemplo e crie um ambiente de colaboração.

4 - Comunique seu impacto: Compartilhe histórias de sucesso, utilize métricas e inspire outros a agir.

Ajustes caso o Resultado Esperado não Ocorra:

Se você tiver dificuldade em identificar uma causa relevante: Explore diferentes áreas de atuação, converse com pessoas que trabalham em causas sociais e experimente o voluntariado para descobrir suas paixões.

Se seu projeto não estiver tendo o impacto desejado: Revise seus objetivos, adapte sua estratégia e busque feedback de pessoas beneficiadas pelo seu trabalho.

Se você se sentir desmotivado ou desacreditado: Lembre-se do seu propósito, reconecte-se com sua paixão e celebre as pequenas vitórias ao longo do caminho.

Exemplos:

Um médico que se dedica a oferecer atendimento médico gratuito a comunidades carentes, causando um impacto positivo na saúde e na qualidade de vida das pessoas.

Uma professora que cria um projeto de alfabetização para adultos, empoderando pessoas e abrindo portas para novas oportunidades.

Um jovem que desenvolve um aplicativo para conectar voluntários a organizações sociais, facilitando o engajamento em causas sociais e multiplicando o impacto positivo na comunidade.

A jornada de causar impacto é tanto uma escolha quanto um chamado. Ela requer coragem para agir, resiliência para superar desafios e generosidade para compartilhar suas conquistas. Mas os frutos desse esforço são abundantes: realização pessoal, fortalecimento de sua comunidade e um mundo que carrega sua marca positiva.

Lembre-se de que causar impacto não é sobre alcançar a perfeição, mas sim sobre fazer o melhor que puder com os recursos que tem. Celebre cada passo dado, inspire outros a se unirem à sua causa e mantenha-se conectado ao propósito que o move. Assim, sua vida será um testemunho de que, com dedicação e compaixão, cada indivíduo tem o poder de transformar o mundo.

Lei 50
Reinvente-se

A Lei "Reinvente-se" convida você a abraçar a transformação como parte essencial da jornada da vida. Em um mundo em constante evolução, reinventar-se não é apenas uma resposta às mudanças externas, mas também uma oportunidade de crescimento interno, autodescoberta e realização de novos sonhos.

Reinvenção significa desafiar o status quo, questionar crenças arraigadas e romper com padrões limitantes que restringem seu potencial. É explorar o desconhecido com coragem, desenvolver novas habilidades e se abrir para possibilidades que antes pareciam inalcançáveis. A cada passo, você se aproxima de uma vida mais alinhada com seus valores, paixões e propósito, construindo um futuro onde a única constante é o progresso contínuo.

Vantagens Pessoais:

Adaptabilidade e Resiliência: Reinventar-se aumenta sua capacidade de adaptação e resiliência diante das mudanças e desafios da vida, permitindo que você se ajuste aos novos cenários com mais facilidade e confiança.

Crescimento Pessoal e Profissional: A reinvenção impulsiona o crescimento pessoal e profissional, abrindo portas para novas oportunidades, desafios e experiências que promovem o aprendizado e a evolução.

Aumento da Criatividade e Inovação: Ao se desafiar e explorar novas possibilidades, você estimula sua criatividade e capacidade de inovação, encontrando soluções originais para os problemas e se destacando em um mundo em constante mudança.

Quebra de Padrões Limitantes: Reinventar-se permite que você identifique e rompa com padrões de comportamento e crenças limitantes que o impedem de alcançar seu potencial máximo.

Autoconhecimento e Autoconfiança: O processo de reinvenção promove o autoconhecimento e a autoconfiança, permitindo que você se conecte com sua essência, seus valores e suas aspirações mais profundas.

Realização de Sonhos e Propósitos: Reinventar-se abre caminho para a realização de sonhos e propósitos que antes pareciam distantes ou impossíveis, permitindo que você viva uma vida mais autêntica e alinhada com seus desejos.

Métodos de Aplicação:

1. Questione suas crenças e perspectivas:

Desafie o status quo: Questione suas crenças, valores e perspectivas, e esteja aberto a novas formas de pensar e enxergar o mundo.

Busque novas experiências: Experimente coisas novas, explore diferentes culturas, conecte-se com pessoas de diferentes origens e amplie seus horizontes.

Analise seus padrões de comportamento: Identifique padrões de comportamento e pensamentos que o limitam e busque compreender suas origens e impactos em sua vida.

2. Rompa com padrões limitantes:

Identifique crenças limitantes: Reconheça as crenças que o impedem de crescer e evoluir, como crenças sobre suas capacidades, seu potencial ou seu merecimento.

Desafie seus medos: Enfrente seus medos e inseguranças, e saia da sua zona de conforto para explorar novas possibilidades e superar seus limites.

Adote uma mentalidade de crescimento: Acredite em sua capacidade de aprender, se desenvolver e se adaptar às mudanças, cultivando uma mentalidade de crescimento contínuo.

3. Desenvolva novas habilidades:

Invista em educação e treinamento: Busque cursos, workshops, treinamentos e outras formas de educação para adquirir novas habilidades e conhecimentos relevantes para seus objetivos.

Aprenda com seus erros: Veja os erros como oportunidades de aprendizado e desenvolvimento, e não tenha medo de experimentar e errar ao buscar novos caminhos.

Busque mentoria e inspiração: Conecte-se com pessoas que o inspirem e que possam compartilhar suas experiências e conhecimentos, guiando-o em sua jornada de reinvenção.

4. Abrace a mudança e a incerteza:

Cultive a flexibilidade: Esteja aberto a mudar de direção, rever seus planos e adaptar-se às novas circunstâncias com agilidade e positividade.

Confie em sua intuição: Siga seus instintos e confie em sua intuição ao tomar decisões importantes em sua vida.

Celebre suas conquistas: Reconheça e celebre suas conquistas ao longo do caminho, por menores que sejam, e use-as como motivação para continuar se reinventando.

Guia Passo a Passo para Aplicar a Lei "Reinvente-se":

1 - Questione suas crenças e perspectivas: Desafie o status quo, busque novas experiências e analise seus padrões.

2 - Rompa com padrões limitantes: Identifique crenças limitantes, desafie seus medos e adote uma mentalidade de crescimento.

3 - Desenvolva novas habilidades: Invista em educação, aprenda com seus erros e busque mentoria.

5 - Abrace a mudança: Cultive a flexibilidade, confie em sua intuição e celebre suas conquistas.

Ajustes caso o Resultado Esperado não Ocorra:

Se você tiver dificuldade em se desafiar e sair da zona de conforto: Comece com pequenas mudanças em sua rotina, experimente novas atividades e busque o apoio de pessoas que o incentivem a se reinventar.

Se você se sentir resistente à mudança: Identifique as causas da resistência, trabalhe suas crenças limitantes e busque desenvolver sua flexibilidade e adaptabilidade.

Se você se sentir perdido ou desmotivado: Relembre seus sonhos e propósitos, busque inspiração em histórias de pessoas que se reinventaram com sucesso e conecte-se com sua paixão pela vida.

Exemplos:

Uma pessoa que muda de carreira após anos em uma mesma área, buscando novos desafios e uma carreira mais alinhada com seus interesses e valores.

Um artista que experimenta novas formas de expressão artística, reinventando seu estilo e explorando novas possibilidades criativas.

Um empreendedor que se adapta às mudanças do mercado, reinventando seu modelo de negócios e encontrando novas formas de gerar valor e inovar.

Reinventar-se é um ato de coragem e resiliência, que exige flexibilidade, determinação e uma visão clara de quem você quer se tornar. Cada escolha, cada aprendizado e cada desafio enfrentado ao longo desse processo o aproximam de uma versão mais autêntica e poderosa de si mesmo.

Lembre-se de que a reinvenção não precisa ser um salto gigantesco; muitas vezes, são os pequenos passos que geram grandes transformações. Celebre cada progresso, por menor que pareça, e confie em sua capacidade de se adaptar, aprender e crescer. Ao se reinventar, você não apenas transforma sua própria vida, mas também inspira aqueles ao seu redor a fazerem o mesmo, criando um impacto duradouro no mundo.

Lei 51
Viva com Propósito

Viver com propósito é abraçar a essência do que nos torna únicos, alinhando nossas ações com os valores e paixões que dão significado à nossa existência. Quando vivemos com propósito, nossas escolhas deixam de ser aleatórias e ganham intencionalidade, nos guiando em direção a uma vida mais plena, realizada e conectada com algo maior do que nós mesmos.

Essa jornada começa com uma reflexão profunda sobre o que é verdadeiramente importante para você. Suas decisões passam a ser informadas por suas convicções mais genuínas, e cada passo dado reflete um compromisso com o que você acredita. Ao viver com propósito, você não apenas transforma sua própria vida, mas também impacta positivamente o mundo ao seu redor, construindo um legado de inspiração e contribuição.

Vantagens Pessoais:

Clareza e direção: Viver com propósito fornece clareza e direção para sua vida, ajudando você a fazer escolhas mais conscientes e alinhadas com seus valores e objetivos.

Motivação e persistência: Um forte senso de propósito aumenta sua motivação e persistência para superar obstáculos, perseguir seus sonhos e alcançar seus objetivos, mesmo diante das dificuldades.

Resiliência e superação: Viver com propósito fortalece sua resiliência e capacidade de superar adversidades, permitindo que você encontre força e significado nos momentos difíceis.

Felicidade e bem-estar: Estudos comprovam que pessoas que vivem com propósito tendem a ser mais felizes, ter maior bem-estar psicológico e uma vida mais satisfatória.

Conexão e pertencimento: Viver com propósito promove a conexão com algo maior que si mesmo, seja uma causa, uma comunidade ou um valor transcendental, gerando um senso de pertencimento e significado.

Impacto positivo: Viver com propósito permite que você faça a diferença no mundo, contribuindo para o bem comum e deixando um legado positivo para as futuras gerações.

Métodos de Aplicação:

1. Integre seus valores e paixões em suas escolhas:

Identifique seus valores fundamentais: Reflita sobre seus valores mais profundos, aqueles que guiam suas ações e decisões e que representam sua essência.

Conecte-se com suas paixões: Explore seus interesses, identifique suas paixões e busque atividades que lhe tragam alegria, satisfação e uma sensação de realização.

Alinhe suas escolhas com seus valores e paixões: Tome decisões conscientes sobre como você gasta seu tempo, energia e recursos, priorizando atividades e relacionamentos que estejam alinhados com seus valores e paixões.

2. Cultive relacionamentos significativos:

Construa conexões autênticas: Invista em relacionamentos baseados na confiança, no respeito mútuo e no compartilhamento de valores e propósitos.

Contribua para o crescimento dos outros: Apoie e incentive o desenvolvimento das pessoas ao seu redor, compartilhando seus conhecimentos, experiências e amor.

Cerque-se de pessoas que o inspirem: Construa uma rede de pessoas positivas, motivadas e que compartilhem seus valores e visão de mundo.

3. Contribua para o bem comum:

Encontre sua causa: Identifique uma causa ou propósito maior que si mesmo e que o inspire a agir e fazer a diferença no mundo.

Engaje-se em ações positivas: Participe de projetos sociais, organizações sem fins lucrativos ou iniciativas que promovam o bem-estar da sua comunidade e do planeta.

Utilize seus talentos para o bem: Use seus talentos, habilidades e recursos para contribuir para a construção de um mundo melhor.

4. Construa um legado que reflita sua essência:

Viva com intencionalidade: Faça escolhas conscientes que reflitam seus valores, paixões e propósitos, deixando um legado positivo para as próximas gerações.

Compartilhe sua história: Compartilhe sua história, suas experiências e seus aprendizados com o mundo, inspirando e motivando outras pessoas.

Crie algo duradouro: Construa algo que transcenda sua própria existência, seja uma obra de arte, um negócio com impacto social ou um projeto que beneficie a comunidade.

Guia Passo a Passo para Aplicar a Lei "Viva com Propósito":

1 - Integre seus valores e paixões: Identifique seus valores, conecte-se com suas paixões e alinhe suas escolhas.

2 - Cultive relacionamentos significativos: Construa conexões autênticas, contribua para o crescimento dos outros e cerque-se de pessoas inspiradoras.

3 - Contribua para o bem comum: Encontre sua causa, engaje-se em ações positivas e utilize seus talentos para o bem.

4 - Construa um legado: Viva com intencionalidade, compartilhe sua história e crie algo duradouro.

Ajustes caso o Resultado Esperado não Ocorra:

Se você se sentir perdido ou sem direção: Revise seus valores, explore suas paixões e busque experiências que lhe tragam clareza e propósito.

Se você tiver dificuldade em encontrar significado em suas ações: Conecte-se com causas que o inspirem, busque oportunidades de voluntariado e contribua para o bem da sua comunidade.

Se você se sentir desconectado dos outros: Invista em relacionamentos autênticos, comunique-se abertamente e busque pessoas que compartilhem seus valores e visão de mundo.

Exemplos:

Um ativista que dedica sua vida à luta por direitos humanos, encontrando propósito em defender os mais vulneráveis e construir uma sociedade mais justa.

Um artista que expressa sua criatividade e visão de mundo através da arte, deixando um legado de beleza e inspiração para as futuras gerações.

Um empreendedor que cria um negócio com impacto social, gerando empregos, promovendo o desenvolvimento comunitário e contribuindo para um futuro mais sustentável.

Viver com propósito é uma escolha que transforma desafios em aprendizados, relacionamentos em conexões significativas e ações em impacto positivo. É um ato de coragem e autenticidade que o capacita a trilhar um caminho alinhado com sua essência, promovendo realização pessoal e deixando marcas duradouras no mundo.

Cada pequeno gesto, alinhado ao seu propósito, é um passo em direção a uma vida com mais significado e felicidade. Não importa onde você esteja em sua jornada, sempre é possível recalibrar sua direção e abraçar o que realmente importa. Ao viver com propósito, você se torna uma inspiração para os outros e um exemplo de como a vida pode ser extraordinária quando guiada por aquilo que mais valorizamos.

Lei 52
Transcenda Limites

A vida está repleta de limites: alguns são impostos pelo mundo ao nosso redor, outros surgem de crenças e medos que carregamos internamente. Transcender esses limites é um convite à liberdade, à expansão do potencial e à criação de uma vida extraordinária. É uma prática que exige coragem, autoconfiança e disposição para desafiar o status quo, romper com padrões limitantes e explorar novas possibilidades.

Quando nos propomos a transcender nossos limites, nos tornamos agentes de transformação – em nossas próprias vidas e nas vidas daqueles que nos cercam. A jornada envolve enfrentar medos, questionar convenções e cultivar uma visão mais ampla e inclusiva do mundo. Esse processo não apenas nos conecta com nosso verdadeiro potencial, mas também nos inspira a inovar, a criar e a contribuir para um mundo mais abundante e corajoso.

Vantagens Pessoais:

Liberdade e autonomia: Transcender limites libera você das amarras que o prendem a uma vida medíocre e limitada, permitindo que você viva com mais liberdade, autonomia e autenticidade.

Expansão do potencial: Ao superar suas próprias barreiras e acreditar em seu potencial ilimitado, você abre caminho para o crescimento, a realização de sonhos e a conquista de objetivos extraordinários.

Superação de desafios: A capacidade de transcender limites fortalece sua resiliência e persistência para superar desafios, obstáculos e adversidades, transformando-os em oportunidades de aprendizado e crescimento.

Crescimento pessoal e autoconhecimento: A busca por transcender limites impulsiona o autoconhecimento, a autoconfiança e o desenvolvimento pessoal, permitindo que você se conecte com sua essência e expresse seu verdadeiro potencial.

Criatividade e inovação: Ao desafiar o status quo e explorar novas possibilidades, você desperta sua criatividade e capacidade de inovação, encontrando soluções originais e construindo um futuro extraordinário.

Inspiração para os outros: Ao transcender seus próprios limites, você inspira e motiva as pessoas ao seu redor a fazerem o mesmo, contribuindo para um mundo mais corajoso, criativo e abundante.

Métodos de Aplicação:

1. Desafie o status quo:

Questione as regras e convenções: Não aceite cegamente as regras, normas e convenções sociais. Questione o status quo, busque compreender as razões por trás das coisas e seja crítico em relação aos padrões estabelecidos.

Busque perspectivas diferentes: Abra-se para diferentes pontos de vista, culturas e formas de pensar. A diversidade de perspectivas expande seus horizontes e o ajuda a enxergar além dos limites impostos pelo seu próprio contexto.

Seja um agente de mudança: Não tenha medo de desafiar o sistema e propor novas ideias e soluções. Seja um catalisador de mudanças positivas em sua comunidade e no mundo.

2. Rompa com crenças limitantes:

Identifique suas crenças limitantes: Preste atenção aos pensamentos e crenças que o limitam e o impedem de alcançar seu potencial máximo. Questione essas crenças e busque substituí-las por pensamentos empoderadores.

Liberte-se do medo: O medo é um dos maiores obstáculos para transcender limites. Identifique seus medos, enfrente-os com coragem e confiança, e liberte-se das amarras que o impedem de avançar.

Cultive a autoconfiança: Acredite em si mesmo, em suas capacidades e em seu potencial ilimitado. A autoconfiança é a base para desafiar seus limites e alcançar resultados extraordinários.

3. Cultive a coragem de ser autêntico:

Seja fiel a si mesmo: Não tenha medo de ser quem você é, com todas as suas qualidades e imperfeições. Abrace sua individualidade e expresse sua autenticidade sem medo de julgamentos.

Siga sua intuição: Confie em sua voz interior e siga seus instintos ao tomar decisões e fazer escolhas importantes em sua vida.

Defenda seus valores: Tenha coragem de defender seus valores e crenças, mesmo que eles sejam diferentes da norma ou enfrentem oposição.

4. Expanda seus horizontes:

Busque o conhecimento: Cultive o hábito de aprender continuamente, explorando novos assuntos, adquirindo novas habilidades e expandindo seus conhecimentos.

Viaje e conheça novas culturas: Viajar e conhecer novas culturas expande sua visão de mundo, desafia suas perspectivas e o inspira a pensar de forma mais ampla e criativa.

Conecte-se com pessoas diferentes: Relacione-se com pessoas de diferentes origens, culturas e experiências, enriquecendo sua vida com novas perspectivas e aprendizados.

Guia Passo a Passo para Aplicar a Lei "Transcenda Limites":

1 - Desafie o status quo: Questione as regras, busque perspectivas diferentes e seja um agente de mudança.

2 - Rompa com crenças limitantes: Identifique e questione suas crenças limitantes, liberte-se do medo e cultive a autoconfiança.

3 - Cultive a coragem de ser autêntico: Seja fiel a si mesmo, siga sua intuição e defenda seus valores.

4 - Expanda seus horizontes: Busque o conhecimento, viaje e conecte-se com pessoas diferentes.

Ajustes caso o Resultado Esperado não Ocorra:

Se você se sentir preso a padrões limitantes: Busque identificar as crenças e os medos que o impedem de avançar, e trabalhe para superá-los com a ajuda de ferramentas como a terapia, o coaching ou a mentoria.

Se você tiver dificuldade em sair da sua zona de conforto: Comece com pequenos desafios, expanda seus limites gradualmente e celebre cada conquista ao longo do caminho.

Se você se sentir desmotivado ou desacreditado: Lembre-se de seus sonhos e propósitos, busque inspiração em pessoas que transcenderam seus próprios limites e reconecte-se com sua paixão pela vida.

Exemplos:

Um atleta que supera uma lesão grave e volta a competir em alto nível, desafiando os limites do seu corpo e da sua mente.

Um artista que rompe com as convenções da arte tradicional, criando um novo estilo e expressando sua individualidade de forma autêntica.

Um empreendedor que investe em um novo negócio inovador, desafiando as tendências do mercado e criando um produto ou serviço que transforma a vida das pessoas.

Transcender limites é uma escolha ousada que transforma barreiras em trampolins para o crescimento pessoal e coletivo. É ao desafiar o que parece impossível e abraçar nossa autenticidade que descobrimos nossa verdadeira força.

Cada passo dado nessa jornada não apenas expande seus horizontes, mas também inspira outros a explorar o poder ilimitado que reside dentro de si mesmos. A liberdade de viver além dos limites é um privilégio que todos podemos conquistar. Basta coragem para dar o primeiro passo e determinação para seguir em frente. Ao transcender seus próprios limites, você não apenas se torna a melhor versão de si mesmo, mas também deixa uma marca profunda no mundo.

Epílogo

Ao encerrar esta jornada, é crucial refletir sobre os passos dados e as lições incorporadas. Você não é mais a mesma pessoa que iniciou esta leitura. Cada conceito aqui explorado – desde a importância de dominar suas emoções até a arte de planejar vitórias – foi construído para inspirar ação, clareza e transformação. Este não é apenas o final de um livro; é o início de uma nova forma de pensar e agir.

As estratégias compartilhadas transcendem qualquer contexto específico. Elas são ferramentas universais, aplicáveis tanto no campo profissional quanto no pessoal, na busca por objetivos grandiosos ou na resolução de conflitos diários. A ciência, amplamente abordada ao longo das páginas, fundamenta cada técnica, oferecendo a segurança de que elas não apenas funcionam, mas têm o potencial de criar mudanças profundas e duradouras.

Neste ponto, é impossível não olhar para trás e enxergar o quanto de poder você já possui. O autoconhecimento adquirido aqui é uma bússola que pode guiá-lo em direção a decisões mais assertivas e relações mais significativas. Você agora entende que mascarar intenções ou dominar narrativas não é sobre manipulação, mas sobre criar equilíbrio e clareza em interações frequentemente desafiadoras.

Este livro não buscou apenas informar, mas empoderar. Ele é um convite constante à prática. A verdadeira maestria de qualquer estratégia não está em conhecê-la, mas em implementá-la, aprimorá-la e adaptá-la aos contextos em constante evolução de sua vida. O aprendizado aqui não é estático; ele é dinâmico, vivo, pronto para se transformar conforme você se transforma.

Agora, resta a pergunta mais importante: como você utilizará este conhecimento? As páginas podem ter sido concluídas, mas o impacto delas depende inteiramente do que você decidir fazer a partir deste momento. O mundo está cheio de distrações e ruídos, mas quem domina as estratégias apresentadas aqui não apenas sobrevive a eles – prospera, influencia e inspira.

Que esta obra seja mais do que um guia; que ela seja um lembrete de que o poder estratégico está em suas mãos. De que a capacidade de moldar sua vida e seus resultados depende, acima de tudo, da coragem de aplicar o que foi aprendido. Este é o momento de transformar intenção em ação e conhecimento em resultados.

O final de um livro, como na vida, não é o encerramento de tudo. É apenas o início de uma nova narrativa – e a caneta está agora em suas mãos.

www.ingramcontent.com/pod-product-compliance
Lightning Source LLC
LaVergne TN
LVHW040045080526
838202LV00045B/3501